LA FONTAINE

FABLES

CHOIX DE FABLES INTÉGRALES

W9-AVR-795

Classiques Hachette

*Texte conforme à l'édition
des Grands Écrivains de la France.*

*Notes explicatives, questionnaires, bilans,
documents et parcours thématique*

*établis par
Monique BONETTO,
professeur certifié de Lettres modernes,
et Marie-Françoise FRADET,
professeur agrégé des Lettres.*

La couverture de cet ouvrage a été réalisée avec l'aimable collaboration de la Comédie-Française.

Photographie : Philippe Sohiez.

Les termes suivis d'un astérisque (*) renvoient au lexique grammatical, p. 215 ; ceux suivis d'une puce ronde (•), au lexique général, p. 219.

Lorsqu'il publie son premier recueil de Fables, *La Fontaine a 47 ans, âge plutôt avancé pour l'époque. Voilà dix ans que, sans grand succès d'ailleurs, il est entré en poésie comme on entre dans la vie active, après une jeunesse facile et insouciante. C'est que la mort de son père l'avait laissé couvert de dettes et contraint à trouver d'autres sources de revenus que sa charge de maître des eaux et forêts. Aussi avait-il décidé de se chercher un protecteur qui, tout en lui permettant de vivre et de rembourser ses dettes, lui laissât le loisir d'écrire – usage alors fréquent. Ce protecteur tant recherché est Nicolas Foucquet, surintendant (ministre) des Finances. À la cour de ce grand personnage, La Fontaine rencontre tout un monde élégant et raffiné de seigneurs et de grandes dames, d'artistes et d'écrivains au contact desquels sa plume s'affine dans tous les genres. Sa situation matérielle s'améliore, comme celle de son protecteur dont il célèbre les splendeurs du nouveau château dans* Le Songe de Vaux ; *mais, victime de la jalousie de Colbert, Foucquet tombe en disgrâce : La Fontaine se retrouve seul et sans pension. Pis encore, il tombe malade, est poursuivi en justice pour usurpation de noblesse et, pour prix de sa fidélité à Foucquet (défendu dans son* Élégie aux nymphes de Vaux, *puis dans une supplique adressée à Louis XIV), est exilé de Paris pour quelques mois. De retour dans la capitale, il se met en quête d'un nouveau mécène. Ce sera cette fois-ci Madame, veuve de Gaston d'Orléans, frère du roi. Mieux protégé et entouré de solides amitiés littéraires, comme celles de Madame de Sévigné, Racine, Furetière ou Boileau, il peut enfin donner libre cours à une double inspiration : profane et grivoise avec des* Contes *en vers qu'il commence en 1665, et chrétienne avec un* Recueil de poésies chrétiennes et diverses *publié en 1671. Cette dualité surprenante laisse entrevoir, derrière l'écrivain, les multiples facettes d'un être déconcertant, insaisissable. Continuant avec la même prolixité, il publie donc en 1668 un premier recueil de* Fables *qu'il dédie au Dauphin*, alors âgé de dix ans. Le succès est immédiat. Il est vrai que la fable, avec notamment Ésope*, constituait la base de l'enseignement dans les petites*

classes des collèges de la noblesse et de la haute
bourgeoisie. La Fontaine s'adressait donc à un public
averti, heureux de se retrouver en pays de connaissance
et charmé des nouveautés apportées par le poète à son
modèle. Mais il est obligé d'abandonner sa charge de
maître des eaux et forêts et pleure bientôt la mort de sa
protectrice : le voilà plus dépourvu que jamais.
Resté isolé un an, il trouve asile chez Madame de La
Sablière, à qui il voue une amitié reconnaissante et
tendre. Femme savante, aimant la poésie comme les
sciences, « Iris » reçoit dans son salon gens du monde,
écrivains et savants, autant d'esprits libres qui inspireront
à La Fontaine de nouveaux Contes et surtout, en 1678,
un deuxième recueil de Fables, plus grave que le
premier : reflet des débats philosophiques d'alors, il trahit
aussi, par l'abondance des préfaces et discours destinés
aux lecteurs, les doutes de son auteur et son besoin
d'être reconnu. Dix ans après le premier recueil, le
succès du deuxième est encore plus grand. Enfin libéré
de tout souci financier, La Fontaine ne songe plus
maintenant qu'à la poésie, qu'il pratique sous toutes ses
formes, avec une variété d'inspiration déconcertante mais
aussi éblouissante, qui lui vaut d'être élu à l'Académie
française en 1683 et de participer à la querelle des
Anciens (qu'il soutient) et des Modernes.
Mais la conversion de Madame de La Sablière l'oblige à
vivre plus modestement, sans toutefois le faire renoncer à
sa vie mondaine. Il tombe malade en 1692, sa protectrice
décède un an plus tard, mais il trouve asile chez le
financier d'Hervart. La Fontaine revient alors à la
religion, rétracte publiquement ses Contes et traduit le
Dies Irae. Cette même année 1694, il publie son dernier
recueil de Fables, dédié au jeune duc de Bourgogne,
l'élève de Fénelon.
1668-1694 : La Fontaine aura travaillé plus d'un quart de
siècle à ses fables. Homme divers, véritable Protée•, il a
bel et bien, de l'eau que suggère son nom, « la fluidité
limpide qui laisse deviner des profondeurs secrètes »[1].
Il meurt le 13 avril 1695.

---

1. Jean-Pierre Collinet, édition des Œuvres complètes de La Fontaine, t. I, Bibliothèque de la Pléiade,
Paris, Gallimard, 1991.

LA FABLE À TRAVERS LES ÂGES ET LES CULTURES

	ANTIQUITÉ		MOYEN ÂGE		RENAISSANCE, CLASSICISME
XI av. J.-C.	Ancien Testament	III	*Panchatantra*	XVI	Marot (1525), «Le Lion et le Rat reconnaissant»
VIII av. J.-C.	Première fable connue : *L'Épervier et le Rossignol* d'Hésiode (Grèce)	XI	Fables dans les sermons Ysopets Emblèmes	XVII	Mathurin Régnier (1608), «La Lionne, le Loup et le Mulet»
VI av. J.-C.	Fables araméennes (Mésopotamie) *Fables* d'Ésope, le Phrygien (Grèce)	XII	*Fables* de Marie de France *Le Roman de Renart*		La Fontaine, *Fables* (1668)
J.-C.	*Fables* de Phèdre, affranchi d'Auguste (Rome)	XIII	*Fables* de Pilpay (Inde), traduites en latin		

Pourquoi lire et faire lire La Fontaine aujourd'hui ? Car enfin c'est un auteur vieux de trois siècles, dont les références culturelles ne nous disent plus rien ! Quelles images suscitent encore en nous les mots «Bélisaire» ou «Amalthée»? Aucune, et s'il faut sans cesse recourir au dictionnaire pour comprendre ce qu'a voulu dire l'auteur, où est le plaisir de lire ? La Fontaine, de surcroît, est un fabuliste qui a choisi le carcan des vers les plus rigides pour s'exprimer ! Qui oserait, de nos jours, faire résonner l'alexandrin ou l'octosyllabe, alors qu'au contact de l'Europe nous recherchons une langue simple, aux structures immédiatement intelligibles ? Et que dire du discours du moraliste ? Quelles leçons pouvons-nous tirer de ces fables que l'écrivain assortit le plus souvent d'une moralité ? Eh bien, qu'il faut être opportuniste : les plus accommodants ne sont-ils pas les plus habiles ? Qu'il vaut mieux être fourmi ou tortue que cigale ou lièvre... *Quelles sinistres perspectives! Quel monde figé! Les pots de fer ne sauraient être les amis des pots de terre...* Voilà bien de quoi exalter le lecteur de dix ou quinze ans! N'est-ce pas à ces âges-là, et peut-être même avant, que les adultes font lire *La Fontaine aux enfants*, en prétendu modèle des auteurs de littérature pour la jeunesse? Quelle hérésie!

Quelle hérésie que ce discours! Il y a trois siècles, La Fontaine dialoguait avec un enfant de douze ans et rivalisait avec lui en composant des fables sur les mêmes sujets: quel instituteur, quel professeur n'est jamais parti d'une de ses fables pour stimuler l'imagination créatrice et l'esprit critique des enfants, et n'en a obtenu des productions riches: bandes dessinées, saynettes•, discussions passionnées, ou mêmes fables? La Fontaine incompréhensible? La Fontaine dont les références culturelles ne «parlent» plus aux jeunes de la fin du XXe siècle? Certes, ceux-ci ne connaissent ni «Bélisaire» ni «Amalthée»; mais ils connaissent Zeus-Jupiter, Héraklès-Hercule, bien des récits de la mythologie gréco-romaine et d'autres mythologies. Tout comme La Fontaine, héritier de cultures ancestrales et différentes, ils sont, dans cette société qui est la leur, ouverts aux cultures étrangères et par là-même capables de ne pas se laisser arrêter par les références parfois érudites des *Fables.* La Fontaine peu enthousiasmant? C'est que, tel Molière ou La Bruyère, il nous tend le miroir d'une société où, en effet, «les plus accommodants sont souvent les plus habiles»; mais où aussi le loup sait risquer sa vie pour demeurer libre. Toutefois, plus que la moralité, c'est la pertinence du croquis qui rend La Fontaine efficace et savoureux à la fois: nous ne pouvons qu'être sous le charme de ces petits poèmes pleins de cocasserie et d'émotion, aux personnages les plus divers campés en quelques traits vifs et précis, petits poèmes qui tiennent à la fois du conte, de l'épopée et de la comédie, et suscitent tantôt rêverie, tantôt méditation.

Alors, feuilletez vite ce livre, lisez les fables, apprenez-les, discutez-les, jouez-les, mimez-les, chantez-les: vous y prendrez, c'est sûr, un plaisir extrême.

Portrait de La Fontaine par Jean-François de Troy (Bibliothèque de Genève).

FABLES
CHOISIES,
MISES EN VERS

Par M. de la Fontaine.

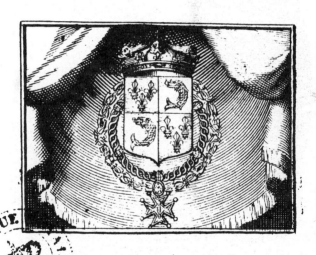

A PARIS,

Chez DENYS THIERRY, rüe S.
Iacques, à l'enseigne de la
Ville de Paris.

M. DC. LXVIII.

AVEC PRIVILEGE DV ROY.

DÉDICACE• DE LA FONTAINE
À MONSEIGNEUR LE DAUPHIN•

À Monseigneur le Dauphin

Monseigneur,

S'il y a quelque chose d'ingénieux dans la république•
des lettres, on peut dire que c'est la manière dont
Ésope• a débité[1] sa morale. Il serait véritablement à souhaiter que d'autres mains que les miennes y eussent
5   ajouté les ornements de la poésie, puisque le plus sage•
des anciens a jugé qu'ils n'y étaient pas inutiles. J'ose,
Monseigneur, vous en présenter quelques essais. C'est
un entretien convenable à vos premières années. Vous
êtes en un âge où l'amusement et les jeux sont permis
10 aux princes ; mais en même temps vous devez donner
quelques-unes de vos pensées à des réflexions sérieuses.
Tout cela se rencontre aux fables que nous devons à
Ésope. L'apparence en est puérile, je le confesse ; mais
ces puérilités servent d'enveloppe à des vérités impor-
15 tantes.

Je ne doute point, Monseigneur, que vous ne regardiez
favorablement des inventions si utiles et tout ensemble
si agréables ; car que peut-on souhaiter davantage que
ces deux points ? Ce sont eux qui ont introduit les
20 sciences parmi les hommes. Ésope a trouvé un art singu-

---

1. *a débité* : a exposé.

lier[1] de les joindre l'un avec l'autre. La lecture de son ouvrage répand insensiblement dans une âme les semences de la vertu, et lui apprend à se connaître sans qu'elle s'aperçoive de cette étude, et tandis qu'elle croit faire toute autre chose. C'est une adresse[2] dont s'est servi très heureusement celui[3] sur lequel Sa Majesté a jeté les yeux pour vous donner des instructions. Il fait en sorte que vous appreniez sans peine, ou pour mieux parler, avec plaisir, tout ce qu'il est nécessaire qu'un prince sache. Nous espérons beaucoup de cette conduite. Mais, à dire la vérité, il y a des choses dont nous espérons infiniment davantage : ce sont, MONSEIGNEUR, les qualités que notre invincible Monarque vous a données avec la naissance ; c'est l'exemple que tous les jours il vous donne. Quand vous le voyez former de si grands desseins• ; quand vous le considérez qui regarde sans s'étonner l'agitation de l'Europe, et les machines[4] qu'elle remue pour le détourner de son entreprise ; quand il pénètre dès sa première démarche jusque dans le cœur d'une province[5] où l'on trouve à chaque pas des barrières insurmontables, et qu'il en subjugue[6] une autre[7] en huit jours, pendant la saison la plus ennemie de la guerre[8], lorsque le repos et les plaisirs règnent dans les cours des autres princes ; quand, non content de dompter les hommes, il veut triompher aussi des éléments ; et quand, au retour de cette expédition, où il a vaincu comme un Alexandre[9], vous le voyez gouverner ses peuples comme un Auguste[10] : avouez le vrai, MON-

---

1. *singulier* : unique.
2. *adresse* : habileté.
3. *celui* : le président de Périgny, précepteur du Dauphin.
4. *machines* : moyens.
5. *province* : les Pays-Bas espagnols, où Louis XIV avait pris Lille, Douai, Tournai et Charleroi.
6. *subjugue* : conquiert.
7. *une autre* : la Franche-Comté, conquise par Condé en moins de deux semaines.
8. *la saison la plus ennemie de la guerre* : l'hiver (février 1668).
9. *Alexandre* : roi de Macédoine (356-323 av. J.-C.), l'un des plus grands conquérants de l'Histoire.
10. *Auguste* : premier empereur romain (63 av.-14 ap. J.-C.), sous lequel Rome connut la plus grande période de paix de son histoire.

SEIGNEUR, vous soupirez pour la gloire aussi bien que lui,
50 malgré l'impuissance de vos années; vous attendez avec
impatience le temps où vous pourrez vous déclarer son
rival dans l'amour de cette divine maîtresse. Vous ne
l'attendez pas, MONSEIGNEUR, vous le prévenez[1]. Je n'en
veux pour témoignage que ces nobles inquiétudes, cette
55 vivacité, cette ardeur, ces marques d'esprit, de courage,
et de grandeur d'âme, que vous faites paraître à tous les
moments. Certainement c'est une joie bien sensible à
notre Monarque; mais c'est un spectacle bien agréable
pour l'univers que de voir ainsi croître une jeune plante
60 qui couvrira un jour de son ombre tant de peuples et de
nations.

Je devrais m'étendre sur ce sujet; mais comme le des-
sein• que j'ai de vous divertir est plus proportionné à
mes forces que celui de vous louer, je me hâte de venir
65 aux fables, et n'ajouterai aux vérités que je vous ai dites
que celle-ci : c'est, MONSEIGNEUR, que je suis, avec un
zèle respectueux,
        Votre très humble, très obéissant et très fidèle servi-
teur,

                                        DE LA FONTAINE.

---

1. *prévenez* : devancez.

PRÉFACE

L'indulgence que l'on a eue pour quelques-unes de mes
fables me donne lieu d'espérer la même grâce pour ce
recueil. Ce n'est pas qu'un des maîtres[1] de notre élo-
quence• n'ait désapprouvé le dessein• de les mettre en
5 vers : il a cru que leur principal ornement est de n'en
avoir aucun ; que d'ailleurs la contrainte de la poésie,
jointe à la sévérité de notre langue, m'embarrasseraient
en beaucoup d'endroits et banniraient de la plupart de
ces récits la brèveté•, qu'on peut fort• bien appeler
10 l'âme du conte•, puisque sans elle il faut nécessairement
qu'il languisse[2]. Cette opinion ne saurait partir que d'un
homme d'excellent goût ; je demanderais seulement
qu'il en relâchât[3] quelque peu, et qu'il crût que les
Grâces• lacédémoniennes[4] ne sont pas tellement enne-
15 mies des Muses• françaises[5] que l'on ne puisse souvent
les faire marcher de compagnie.

Après tout, je n'ai entrepris la chose que sur l'exemple,
je ne veux pas dire des anciens, qui ne tire point à
conséquence pour moi, mais sur celui des modernes.
20 C'est de tout temps, et chez tous les peuples qui font

---

1. *un des maîtres de notre éloquence* : Patru, avocat, académicien, qui pensait que la
fable n'avait d'autre but que d'enseigner et devait être en prose comme celle
d'Ésope.
2. *languisse* : soit long.
3. *qu'il en relâchât* : qu'il fût moins sévère.
4. *Grâces• lacédémoniennes* : cette formule désigne le style bref d'Ésope.
5. *Muses françaises* : inspiratrices des poètes français ; cette formule désigne la
poésie française.

profession de poésie, que le Parnasse[1] a jugé ceci de son apanage[2]. À peine les fables qu'on attribue à Ésope• virent le jour que Socrate• trouva à propos de les habiller des livrées[3] des Muses. Ce que Platon• en rapporte est si
25 agréable que je ne puis m'empêcher d'en faire un des ornements de cette préface. Il dit que Socrate étant condamné au dernier supplice, l'on remit l'exécution de l'arrêt à cause de certaines fêtes. Cébès[4] l'alla voir le jour de sa mort. Socrate lui dit que les dieux l'avaient averti
30 plusieurs fois, pendant son sommeil, qu'il devait s'appliquer à la musique[5] avant qu'il mourût. Il n'avait pas entendu[6] d'abord• ce que ce songe signifiait ; car, comme la musique ne rend pas l'homme meilleur, à quoi bon s'y attacher ? Il fallait qu'il y eût du mystère
35 là-dessous, d'autant plus que les dieux ne se lassaient point de lui envoyer la même inspiration. Elle lui était encore venue une de ces fêtes. Si bien qu'en songeant aux choses que le Ciel pouvait exiger de lui, il s'était avisé que la musique et la poésie ont tant de rapport,
40 que possible• était-ce de la dernière qu'il s'agissait. Il n'y a point de bonne poésie sans harmonie ; mais il n'y en a point non plus sans fiction ; et Socrate ne savait que dire la vérité. Enfin il avait trouvé un tempérament[7] : c'était de choisir des fables qui continssent quelque
45 chose de véritable, telles que sont celles d'Ésope. Il employa donc à les mettre en vers les derniers moments de sa vie.

Socrate n'est pas le seul qui ait considéré comme sœurs la poésie et nos fables. Phèdre• a témoigné qu'il était de
50 ce sentiment ; et par l'excellence de son ouvrage, nous pouvons juger de celui du prince des philosophes. Après

---

1. *Parnasse* : lieu où vivent les Muses ; cette formule désigne la poésie en général.
2. *apanage* : domaine réservé.
3. *livrées* : vêtements ; ici, les livrées des Muses désignent les vers.
4. *Cébès* : l'un des amis de Socrate.
5. *musique* : l'art des Muses, c'est-à-dire : poésie, théâtre, histoire, philosophie et musique proprement dite.
6. *entendu* : compris.
7. *tempérament* : arrangement.

Phèdre•, Aviénus¹ a traité le même sujet. Enfin les modernes les ont suivis : nous en avons des exemples non seulement chez les étrangers, mais chez nous. Il est
55 vrai que lorsque nos gens y ont travaillé, la langue était si différente de ce qu'elle est, qu'on ne les doit considérer que comme étrangers. Cela ne m'a point détourné de mon entreprise : au contraire, je me suis flatté de l'espérance que si je ne courais dans cette carrière avec succès,
60 on me donnerait au moins la gloire de l'avoir ouverte.

Il arrivera possible• que mon travail• fera naître à d'autres personnes l'envie de porter la chose plus loin. Tant s'en faut que cette matière soit épuisée, qu'il reste encore plus de fables à mettre en vers que je n'en ai mis. J'ai choisi
65 véritablement les meilleures, c'est-à-dire celles qui m'ont semblé telles : mais, outre que je puis m'être trompé dans mon choix, il ne sera pas difficile de donner un autre tour à celles-là même que j'ai choisies ; et si ce tour est moins long, il sera sans doute• plus approuvé. Quoi qu'il en
70 arrive, on m'aura toujours obligation², soit que ma témérité³ ait été heureuse, et que je ne me sois point trop écarté du chemin qu'il fallait tenir, soit que j'aie seulement excité les autres à mieux faire.

Je pense avoir justifié suffisamment mon dessein• : quant
75 à l'exécution, le public en sera juge. On ne trouvera pas ici l'élégance ni l'extrême brèveté• qui rendent Phèdre recommandable : ce sont qualités au-dessus de ma portée. Comme il m'était impossible de l'imiter en cela, j'ai cru qu'il fallait en récompense⁴ égayer• l'ouvrage plus
80 qu'il n'a fait. Non que je le blâme d'en être demeuré dans ces termes⁵ : la langue latine n'en demandait pas davantage ; et si l'on y veut prendre garde, on reconnaîtra dans

---

1. *Aviénus* : pour Avianus, poète latin (IIᵉ siècle ap. J.-C.), auteur de 42 fables.
2. *on m'aura toujours obligation* : on me sera toujours redevable.
3. *témérité* : audace.
4. *récompense* : compensation.
5. *termes* : limites.

cet auteur le vrai caractère et le vrai génie de Térence[1]. La simplicité est magnifique chez ces grands hommes ; moi,
85 qui n'ai pas les perfections du langage comme ils les ont eues, je ne la puis élever à un si haut point. Il a donc fallu se récompenser[2] d'ailleurs : c'est ce que j'ai fait avec d'autant plus de hardiesse que Quintilien[3] dit qu'on ne saurait trop égayer* les narrations. Il ne s'agit pas ici d'en
90 apporter une raison : c'est assez que Quintilien l'ait dit. J'ai pourtant considéré que ces fables étant sues de tout le monde, je ne ferais rien si je ne les rendais nouvelles par quelques traits qui en relevassent le goût. C'est ce qu'on demande aujourd'hui : on veut de la nouveauté et de la
95 gaieté. Je n'appelle pas gaieté ce qui excite le rire ; mais un certain charme, un air agréable qu'on peut donner à toutes sortes de sujets, même les plus sérieux.

Mais ce n'est pas tant par la forme que j'ai donnée à cet ouvrage qu'on en doit mesurer le prix, que par son utilité
100 et par sa matière ; car qu'y a-t-il de recommandable dans les productions de l'esprit, qui ne se rencontre dans l'apologue* ? C'est quelque chose de si divin, que plusieurs personnages de l'antiquité ont attribué la plus grande partie de ces fables à Socrate*, choisissant, pour
105 leur servir de père, celui des mortels qui avait le plus de communication avec les dieux. Je ne sais comme* ils n'ont point fait descendre du ciel ces mêmes fables, et comme ils ne leur ont point assigné[4] un dieu qui en eût la direction, ainsi qu'à la poésie et à l'éloquence*. Ce que je
110 dis n'est pas tout à fait sans fondement, puisque, s'il m'est permis de mêler ce que nous avons de plus sacré parmi[5] les erreurs[6] du paganisme, nous voyons que la Vérité a parlé aux hommes par paraboles* ; et la parabole

---

1. *Térence* : auteur latin (Iᵉʳ siècle av. J.-C.), esclave affranchi par son maître, le sénateur Terentius Lucanus. Il est l'auteur de 6 comédies dont Molière s'est inspiré.
2. *se récompenser d'ailleurs* : trouver une autre compensation.
3. *Quintilien* : avocat et professeur latin (30-95 ap. J.-C.), auteur d'un ouvrage sur la formation de l'orateur (*L'Institution oratoire*), qui faisait autorité au XVIIᵉ siècle.
4. *assigné* : attribué.
5. *parmi les* : aux.
6. *erreurs* : fictions.

est-elle autre chose que l'apologue•, c'est-à-dire un
115 exemple fabuleux, et qui s'insinue avec d'autant plus de
facilité et d'effet qu'il est plus commun et plus familier ?
Qui ne nous proposerait à imiter que les maîtres de la
sagesse, nous fournirait un sujet d'excuse : il n'y en a
point quand des abeilles et des fourmis sont capables de
120 cela même qu'on nous demande.

C'est pour ces raisons que Platon•, ayant banni Homère[1]
de sa république•, y a donné à Ésope• une place très
honorable. Il souhaite que les enfants sucent ces fables
avec le lait ; il recommande aux nourrices de les leur
125 apprendre ; car on ne saurait s'accoutumer de trop
bonne heure à la sagesse et à la vertu. Plutôt que d'être
réduits à corriger nos habitudes, il faut travailler à les
rendre bonnes pendant qu'elles sont encore indiffé-
rentes au bien ou au mal. Or quelle méthode y peut
130 contribuer plus utilement que ces fables ? Dites à un
enfant que Crassus[2], allant contre les Parthes, s'engagea
dans leur pays sans considérer comment il en sortirait ;
que cela le fit périr, lui et son armée, quelque effort qu'il
fît pour se retirer. Dites au même enfant que le Renard
135 et le Bouc descendirent au fond d'un puits pour y
éteindre leur soif ; que le Renard en sortit s'étant servi
des épaules et des cornes de son camarade comme
d'une échelle ; au contraire, le Bouc y demeura pour
n'avoir pas eu tant de prévoyance ; et par conséquent il
140 faut considérer en toute chose la fin. Je demande lequel
de ces deux exemples fera le plus d'impression sur cet
enfant. Ne s'arrêtera-t-il pas au dernier, comme plus
conforme et moins disproportionné que l'autre à la
petitesse de son esprit ? Il ne faut pas m'alléguer• que les
145 pensées de l'enfance sont d'elles-mêmes assez enfan-

---

1. *Homère* : poète grec qui est censé avoir vécu vers le VIIIe siècle av. J.-C. et être
l'un des auteurs de l'*Iliade* et l'*Odyssée*.
2. *Crassus* : homme politique romain qui forma une alliance (triumvirat) avec César
et Pompée en 60 av. J.-C. et mourut lors d'une expédition mal préparée contre les
Parthes en 55 av. J.-C.

tines, sans y joindre encore de nouvelles badineries[1]. Ces badineries ne sont telles qu'en apparence ; car dans le fond elles portent un sens très solide. Et comme, par la définition du point, de la ligne, de la surface, et par
150 d'autres principes très familiers, nous parvenons à des connaissances qui mesurent enfin• le ciel et la terre, de même aussi, par les raisonnements et les conséquences que l'on peut tirer de ces fables, on se forme le jugement et les mœurs[2], on se rend capable des grandes choses.

155 Elles ne sont pas seulement morales, elles donnent encore d'autres connaissances. Les propriétés[3] des animaux et leurs divers caractères y sont exprimés ; par conséquent les nôtres aussi, puisque nous sommes l'abrégé de ce qu'il y a de bon et de mauvais dans les
160 créatures irraisonnables. Quand Prométhée[4] voulut former l'homme, il prit la qualité dominante de chaque bête : de ces pièces si différentes il composa notre espèce ; il fit cet ouvrage qu'on appelle le petit Monde[5]. Ainsi ces fables sont un tableau où chacun de nous se
165 trouve dépeint. Ce qu'elles nous représentent confirme les personnes d'âge avancé dans les connaissances que l'usage leur a données, et apprend aux enfants ce qu'il faut qu'ils sachent. Comme ces derniers sont nouveau-venus dans le monde, ils n'en connaissent pas encore
170 les habitants : ils ne se connaissent pas eux-mêmes. On ne les doit laisser dans cette ignorance que le moins qu'on peut ; il leur faut apprendre ce que c'est qu'un lion, un renard, ainsi du reste ; et pourquoi l'on compare quelquefois un homme à ce renard ou à ce lion. C'est à

---

1. *badineries* : bêtises.
2. *mœurs* : ensemble de règles morales.
3. *propriétés* : caractéristiques physiques, par opposition aux caractéristiques morales.
4. *Prométhée* : fils de Japet et Clymène, c'est lui qui, selon la légende, façonna le premier homme à partir d'un bloc d'argile mêlé d'eau et qui, ne voulant pas laisser sa créature démunie de tout, lui donna le feu, symbole de l'intelligence humaine, après l'avoir dérobé à Zeus.
5. *petit Monde* : l'homme.

175 quoi les fables travaillent : les premières notions de ces choses proviennent d'elles.

J'ai déjà passé la longueur ordinaire des préfaces; cependant• je n'ai pas encore rendu raison[1] de la conduite[2] de mon ouvrage. L'apologue• est composé de
180 deux parties, dont on peut appeler l'une le corps, l'autre l'âme. Le corps est la fable•; l'âme, la moralité. Aristote[3] n'admet dans la fable que les animaux; il en exclut les hommes et les plantes. Cette règle est moins de nécessité que de bienséance, puisque ni Ésope•, ni Phèdre•,
185 ni aucun des fabulistes[4] ne l'a gardée, tout au contraire de la moralité, dont aucun ne se dispense. Que s'il m'est arrivé de le faire, ce n'a été que dans les endroits où elle n'a pu entrer avec grâce, et où il est aisé au lecteur de la suppléer. On ne considère en France que ce qui plaît :
190 c'est la grande règle, et pour ainsi dire la seule. Je n'ai donc pas cru que ce fût un crime de passer par-dessus les anciennes coutumes lorsque je ne pouvais les mettre en usage sans leur faire tort. Du temps d'Ésope• la fable était contée simplement, la moralité séparée, et toujours
195 en suite[5]. Phèdre est venu, qui ne s'est pas assujetti[6] à cet ordre : il embellit la narration, et transporte quelquefois la moralité de la fin au commencement. Quand il serait nécessaire de lui trouver place, je ne manque à ce précepte que pour en observer un qui n'est pas moins
200 important : c'est Horace• qui nous le donne. Cet auteur ne veut pas qu'un écrivain s'opiniâtre[7] contre l'incapacité de son esprit, ni contre celle de sa matière. Jamais, à

---

1. *rendu raison* : rendu compte.
2. *conduite* : plan.
3. *Aristote* : philosophe grec (384-322 av. J.-C.), d'abord élève de Platon, puis précepteur d'Alexandre. Ses œuvres, réflexion sur l'ensemble des connaissances de son temps, ne nous sont connues que par les notes prises par ses disciples. Les auteurs du XVIIᵉ siècle se réclament des règles de sa *Poétique*.
4. *fabuliste* : conteur de mensonges, auteur de fables. Terme utilisé pour la première fois sans doute par La Fontaine dans ce texte-ci.
5. *en suite* : à la suite.
6. *assujetti* : soumis.
7. *s'opiniâtre* : s'obstine.

ce qu'il prétend, un homme qui veut réussir n'en vient
jusque-là ; il abandonne les choses dont il voit bien qu'il
205 ne saurait rien faire de bon :

> ...Et quae
> Desperat tractata nitescere posse, relinquit.[1]

C'est ce que j'ai fait à l'égard de quelques moralités du
succès desquelles je n'ai pas bien espéré.[...][2]

Socrate, gravure de Ét. Canu, d'après un dessin de F. Bonneville.

1. *Et quae / Desperat tractata nitescere posse, relinquit* : Et les choses qu'il désespère
de pouvoir faire briller après les avoir étudiées, il les abandonne.
2. Reste ici un dernier paragraphe dans lequel La Fontaine présente la *Vie d'Ésope*
rédigée par Planude (moine byzantin [1260-1310]), en soulignant qu'il ne partage
pas l'avis de ses contemporains qui la trouvent très peu crédible.

Questions

Compréhension

1. *Amusez-vous à retenir par cœur 7 ou 8 mots parmi les suivants :* âme, animaux, apologue•, Aristote, Aviénus, bien, bouc, brièveté•, connaissance, conte•, corps, égayer•, enfance, enfant, Ésope•, fable•, gaieté, Homère, Horace•, lion, mal, morale, moralité, musique, parabole•, Phèdre•, plaît, Platon•, poésie, règle, renard, sagesse, Socrate•, vérité, vertu.

2. *En balayant le plus rapidement possible le texte du regard, soulignez ou surlignez ces mots.*

3. *Relisez ensuite attentivement les passages où ils sont employés en prenant des notes (sans jamais recopier le texte).*

4. *Fermez le livre et, en vous aidant de vos notes, faites un bilan de ce que vous avez appris de la préface, en répondant notamment aux questions suivantes :*

– *quelle est sa raison d'être ?*

– *comment s'y trouve défini le projet des* Fables *?*

– *quels arguments y développe La Fontaine ?*

FABLES CHOISIES
MISES EN VERS

1668

Ésope Philosophe,
naquit en Phrigie, esclave et difforme,
environ l'an du Monde 3450.
Il dédia ses Fables à Cresus
Roy de Lydie.

Ésope, auteur de l'Apologue,
Quoique grossier de corps, eut l'esprit si subtil,
Qu'en ses contes naïfs l'animal le plus vil
Des superbes humains devint le pédagogue.
Par Mr. Moraine.

Ésope, fabuliste grec (vi^e s. av. J.-C.), l'un des principaux modèles de La Fontaine.

DÉDICACE• DES SIX PREMIERS LIVRES

À MONSEIGNEUR LE DAUPHIN•

Je chante les héros dont Ésope• est le père,
Troupe de qui l'histoire, encor• que[1] mensongère[2],
Contient des vérités qui servent de leçons.
Tout parle en mon ouvrage, et même les poissons :
5   Ce qu'ils disent s'adresse à tous tant que nous sommes ;
Je me sers d'animaux pour instruire les hommes.
ILLUSTRE REJETON[3] D'UN PRINCE aimé des cieux,
Sur qui le monde entier a maintenant les yeux,
Et qui faisant fléchir les plus superbes[4] têtes,
10   Comptera désormais ses jours par ses conquêtes,
Quelque autre te dira d'une plus forte voix
Les faits de tes aïeux et les vertus des rois.
Je vais t'entretenir de moindres• aventures,
Te tracer en ces vers de légères peintures ;
15   Et si de t'agréer[5] je n'emporte le prix[6],
J'aurai du moins l'honneur de l'avoir entrepris[7].

---

1. *encor que* : quoique.
2. *mensongère* : inventée.
3. *rejeton* : fils.
4. *superbes* : fières.
5. *agréer* : plaire.
6. *je n'emporte le prix* : je ne réussis pas [à te plaire].
7. *entrepris* : essayé.

Illustration de Félix Lorioux, 1930.

LIVRE PREMIER

1. LA CIGALE ET LA FOURMI

La Cigale, ayant chanté
    Tout l'été,
Se trouva fort° dépourvue[1]
Quand la bise[2] fut venue :
Pas un seul petit morceau
De mouche ou de vermisseau.
Elle alla crier famine[3]
Chez la Fourmi sa voisine,
La priant de lui prêter
Quelque grain° pour subsister°
Jusqu'à la saison nouvelle[4].
«Je vous paierai, lui dit-elle,
Avant l'oût°, foi d'animal[5],
Intérêt et principal[6].»
La Fourmi n'est pas prêteuse :
C'est là son moindre° défaut.
«Que faisiez-vous au temps chaud?
Dit-elle à cette emprunteuse.
– Nuit et jour à tout venant[7]
Je chantais, ne vous déplaise[8].
– Vous chantiez? j'en suis fort aise[9] :
Eh bien! dansez maintenant.»

1. *dépourvue* : sans ressources.
2. *bise* : vent du nord sec et froid qui, en poésie, symbolise l'hiver.
3. *crier famine* : dire qu'elle avait faim.
4. *saison nouvelle* : printemps.
5. *foi d'animal* : parole d'animal, comme on dit parole d'honneur.
6. *je vous paierai intérêt et principal* : je vous rembourserai les intérêts et le capital
(ce que vous m'aurez prêté, augmenté des intérêts perçus pour ce prêt).
7. *à tout venant* : pour n'importe qui.
8. *ne vous déplaise* : formule d'excuse.
9. *aise* : contente.

2. LE CORBEAU ET LE RENARD

Maître• Corbeau, sur un arbre perché,
    Tenait en son bec un fromage.
Maître Renard, par l'odeur alléché,
    Lui tint à peu près ce langage :
5   «Hé! bonjour, Monsieur du Corbeau,
Que vous êtes joli! que vous me semblez beau!
    Sans mentir, si votre ramage[1]
    Se rapporte[2] à votre plumage,
Vous êtes le phénix• des hôtes• de ces bois.»
10 À ces mots le Corbeau ne se sent pas de joie[3] ;
    Et pour montrer sa belle voix,
Il ouvre un large bec, laisse tomber sa proie.
Le Renard s'en saisit, et dit : «Mon bon Monsieur,
    Apprenez que tout flatteur
15   Vit aux dépens[4] de celui qui l'écoute :
Cette leçon vaut bien un fromage, sans doute•.»
    Le Corbeau, honteux et confus,
Jura, mais un peu tard, qu'on ne l'y prendrait plus.

Gravure de Brevière et Hébert, d'après un dessin de Grandville (B. N.).

1. *ramage* : chant.
2. *se rapporte* : ressemble.
3. *ne se sent pas de joie* : est transporté de joie.
4. *aux dépens de* : aux frais de.

28

5. LE LOUP ET LE CHIEN

Un Loup n'avait que les os et la peau,
Tant[1] les chiens faisaient bonne garde.
Ce Loup rencontre un Dogue aussi puissant[2] que beau,
Gras, poli[3], qui s'était fourvoyé[4] par mégarde[5].
5   L'attaquer, le mettre en quartiers[6],
Sire• Loup l'eût fait volontiers;
Mais il fallait livrer bataille,
Et le mâtin• était de taille
À se défendre hardiment.
10   Le Loup donc l'aborde humblement,
Entre en propos[7], et lui fait compliment
Sur son embonpoint, qu'il admire.
«Il ne tiendra qu'à vous, beau sire,
D'être aussi gras que moi, lui repartit• le Chien.
15   Quittez les bois, vous ferez bien :
Vos pareils y sont misérables,
Cancres[8], hères[9], et pauvres diables,
Dont la condition est de mourir de faim.
Car quoi? rien d'assuré; point de franche lippée[10];
20   Tout à la pointe de l'épée.
Suivez-moi, vous aurez un bien meilleur destin.»
Le Loup reprit : «Que me faudra-t-il faire?
– Presque rien, dit le Chien : donner la chasse aux gens
Portants* bâtons, et mendiants*;
25 Flatter ceux du logis, à son maître complaire :
Moyennant quoi votre salaire
Sera force• reliefs• de toutes les façons,

---

1. *tant* : tellement.
2. *puissant* : robuste, fort.
3. *poli* : au poil luisant.
4. *fourvoyé* : égaré.
5. *par mégarde* : sans faire attention.
6. *mettre en quartiers* : mettre en morceaux.
7. *entre en propos* : entame la conversation.
8. *cancres* : individus méprisables.
9. *hères* : vagabonds.
10. *franche lippée* : bons repas gratuits.

Os de poulets, os de pigeons,
Sans parler de mainte caresse.»
30 Le Loup déjà se forge• une félicité[1]
Qui le fait pleurer de tendresse.
Chemin faisant, il vit le col du Chien pelé.
«Qu'est-ce là? lui dit-il. – Rien. – Quoi? rien? – Peu
[de chose.
– Mais encor•? – Le collier dont* je suis attaché
35 De ce que vous voyez est peut-être la cause.
– Attaché? dit le Loup: vous ne courez donc pas
Où vous voulez? – Pas toujours; mais qu'importe?
– Il importe si bien, que de tous vos repas
Je ne veux en aucune sorte,
40 Et ne voudrais pas même à ce prix un trésor.»
Cela dit, maître Loup s'enfuit, et court encor•.

Illustration de Grandville, 1838 (B. N., Estampes).

1. *félicité* : bonheur.

30

Questions

Compréhension

1. *Résumez cette fable en deux phrases.*
2. *Quels sont les sentiments que le loup éprouve successivement au cours de ce récit ? Pour chaque sentiment, citez les vers qui l'expriment.*
3. *Même travail pour le chien.*
4. *Vers quel animal semble aller la sympathie de La Fontaine ? Et la vôtre ? Pourquoi ?*
5. *À quel(s) autre(s) texte(s) cette fable vous fait-elle penser ?*

Écriture

6. *Relevez le vocabulaire qui pourrait convenir à des hommes : qu'en concluez-vous sur l'art de la fable ?*
7. *Justifiez l'emploi des temps dans les quatre premiers vers.*
8. *Scandez (en comptant le nombre de syllabes) les vers relevés dans la question 2. Donnez le nom de chacun. Justifiez leur emploi. Commentez aussi les césures, la ponctuation, le vocabulaire choisi.*

Mise en scène

9. *Faites quelques pas dans la classe en imaginant que vous êtes le loup ou le chien. Vos camarades devront deviner l'animal que vous jouez.*
Vous direz ensuite pourquoi vous avez choisi l'un ou l'autre.
10. *À deux, imaginez une scène analogue entre deux personnes (précisez bien avant, entre vous, quelle est leur situation) et jouez-la en improvisant gestes et paroles.*
11. *Puis écrivez un texte en vers ou en prose en tenant compte des remarques faites par vos camarades ou le professeur, ainsi que des réponses données à la question 8.*

7. LA BESACE

Jupiter• dit un jour : «Que tout ce qui respire
S'en vienne comparaître* aux pieds de ma grandeur :
Si dans son composé[1] quelqu'un trouve à redire,
     Il peut le déclarer sans peur ;
5   Je mettrai remède[2] à la chose.
Venez, Singe ; parlez le premier, et pour cause[3].
Voyez ces animaux, faites comparaison
    De leurs beautés avec les vôtres.
Êtes-vous satisfait ? – Moi ? dit-il ; pourquoi non ?
10 N'ai-je pas quatre pieds aussi bien que les autres ?
Mon portrait jusqu'ici ne m'a rien reproché ;
Mais pour mon frère l'Ours, on ne l'a qu'ébauché[4] :
Jamais, s'il me veut croire*, il ne se fera peindre.»
L'Ours venant là-dessus, on crut qu'il s'allait plaindre.
15 Tant s'en faut : de sa forme il se loua très fort• ;
Glosa sur• l'Éléphant, dit qu'on pourrait encor•
Ajouter à sa queue, ôter à ses oreilles ;
Que c'était une masse informe et sans beauté.
    L'Éléphant étant écouté,
20 Tout sage• qu'il était, dit des choses pareilles :
    Il jugea qu'à son appétit[5]
    Dame• Baleine était trop grosse.
Dame Fourmi trouva le Ciron[6] trop petit,
    Se croyant, pour elle, un colosse.
25 Jupin• les renvoya s'étant censurés• tous,
Du reste[7], contents d'eux. Mais parmi les plus fous
Notre espèce excella ; car tout ce que nous sommes[8],
Lynx envers nos pareils, et taupes envers nous,

---

1. *composé* : l'ensemble de ses parties.
2. *je mettrai remède* : j'apporterai des améliorations.
3. *pour cause* : à juste titre.
4. *on ne l'a qu'ébauché* : on ne l'a pas terminé.
5. *appétit* : goût.
6. *Ciron* : insecte considéré comme le symbole de ce qu'il y a de plus petit au monde.
7. *du reste* : néanmoins.
8. *tout ce que nous sommes* : tous autant que nous sommes, tous sans exception.

Nous nous pardonnons tout, et rien aux autres
[hommes :
30 On se voit d'un autre œil qu'on ne voit son prochain.
          Le fabricateur souverain[1]
Nous créa besaciers[2] tous de même manière,
Tant ceux du temps passé que du temps d'aujourd'hui :
Il fit pour nos défauts la poche de derrière,
35 Et celle de devant pour les défauts d'autrui.

Illustration de Gustave Doré.

1. *le fabricateur souverain* : Dieu.
2. *besaciers* : qui portent une besace.

Compréhension

1. *Qu'est-ce qu'une besace ?*
2. *Relevez les qualités que chaque animal se prête et les critiques qu'il adresse à son voisin. Que remarquez-vous dans leur choix ? Qu'en pensez-vous ?*
3. *Comment comprenez-vous le vers 28 :* «Lynx envers nos pareils, et taupes envers nous» *? Trouvez des expressions proverbiales qui expriment la même idée que celle de La Fontaine.*

Écriture / Réécriture

4. *Dans cette fable, La Fontaine utilise tour à tour le récit, le dialogue, le discours moral :*
– précisez dans quel vers pour chacun ;
– relevez les éléments de texte (ponctuation, temps des verbes, etc.) qui vous ont aidé à trouver où commençait et où finissait chacun.
5. *Quels sont les vers utilisés au début de la fable et pourquoi ?*
6. «Le fabricateur souverain» :
– comment s'appelle la figure de style contenue dans cette expression ?
– qui désigne-t-elle ?
– justifiez son emploi ici ;
– inventez-en une autre pour chaque animal cité dans la fable.
7. «On se voit d'un autre œil qu'on ne voit son prochain».
Choisissez un ami et rédigez, chacun, deux paragraphes. Vous commencerez le premier par : «Si j'étais... *(une plante, un animal, un instrument de musique, etc.),* je serais...», *et vous continuerez en imaginant ce que vous feriez ainsi transformé. Vous commencerez le deuxième paragraphe par :* «Si (prénom de votre ami) était..., il serait...», *et vous continuerez en imaginant ce que votre camarade ferait ainsi transformé.*
Échangez vos textes, comparez, et dites vos réactions.

Mise en scène

8. *Dites la fable en utilisant partout le style direct (soit en improvisation, soit après un travail d'écriture).*

9. *Cherchez des diapositives reproduisant chaque animal et projetez-les, pendant qu'il parle.*

10. *Jeu à deux dans la classe : écrivez, sur un morceau de papier que vous collerez au front d'un camarade, le nom d'un défaut. Il fera de même pour vous. Le gagnant sera celui qui aura deviné le défaut inscrit sur son propre front après avoir posé le moins de questions à son camarade.*

Mise en images

11. *Dessinez une besace, en précisant où vous mettriez vos défauts et où vous mettriez ceux d'autrui.*

9. LE RAT DE VILLE
ET LE RAT DES CHAMPS

Autrefois le Rat de ville
Invita le Rat des champs,
D'une façon fort• civile[1],
À des reliefs• d'ortolans[2].

5 Sur un tapis de Turquie
Le couvert se trouva mis.
Je laisse à penser la vie[3]
Que firent ces deux amis.

Le régal• fut fort honnête[4] :
10 Rien ne manquait au festin ;
Mais quelqu'un troubla la fête
Pendant qu'ils étaient en train[5].

À la porte de la salle•
Ils entendirent du bruit :
15 Le Rat de ville détale ;
Son camarade le suit.

Le bruit cesse, on se retire :
Rats en campagne[6] aussitôt ;
Et le citadin de dire :
20 «Achevons tout notre rôt[7].

---

1. *civile* : polie.
2. *ortolans* : oiseaux dont la chair est (était) très appréciée.
3. *vie* : bon repas.
4. *honnête* : correct.
5. *en train* : en pleine action.
6. *Rats en campagne* : les rats repartent en expédition.
7. *rôt* : repas.

– C'est assez, dit le rustique[1];
Demain vous viendrez chez moi.
Ce n'est pas que je me pique•
De tous vos festins de roi;

25 Mais rien ne vient m'interrompre :
Je mange tout à loisir•.
Adieu donc. Fi[2] du plaisir
Que la crainte peut corrompre[3]!»

Gravure de Grandville.

1. *rustique* : campagnard.
2. *Fi !* : au Diable !
3. *corrompre* : détruire.

10. LE LOUP ET L'AGNEAU

La raison[1] du plus fort est toujours la meilleure :
    Nous l'allons montrer* tout à l'heure•.

        Un Agneau se désaltérait
        Dans le courant d'une onde pure.
5 Un Loup survient à jeun, qui cherchait aventure•,
    Et que la faim en ces lieux attirait.
«Qui* te rend si hardi de[2] troubler mon breuvage[3] ?
        Dit cet animal plein de rage :
Tu seras châtié[4] de ta témérité[5].
10 – Sire•, répond l'Agneau, que Votre Majesté
        Ne se mette pas en colère ;
        Mais plutôt qu'elle considère
        Que je me vas* désaltérant[6]
           Dans le courant,
15   Plus de vingt pas au-dessous d'Elle ;
Et que par conséquent, en aucune façon,
    Je ne puis troubler sa boisson.
– Tu la troubles, reprit cette bête cruelle ;
Et je sais que de moi tu médis[7] l'an passé.
20 – Comment l'aurais-je fait si* je n'étais pas né ?
        Reprit l'Agneau ; je tette encor• ma mère.
        – Si ce n'est toi, c'est donc ton frère.
    – Je n'en ai point. – C'est donc quelqu'un des
                         [tiens ;
        Car vous ne m'épargnez guère,
25   Vous, vos bergers, et vos chiens.
    On me l'a dit : il faut que je me venge.»
        Là-dessus, au fond des forêts

---

1. *raison* : raisonnement.
2. *de* : pour.
3. *troubler mon breuvage* : polluer l'eau que je bois.
4. *châtié* : puni.
5. *témérité* : audace.
6. *je me vas désaltérant* : je suis en train de boire.
7. *médis* : dis du mal.

Le Loup l'emporte, et puis le mange,
Sans autre forme de procès[1].

Illustration de Gustave Doré, 1867.

---

1. *sans autre forme de procès* : sans aucun autre jugement.

Questions

Compréhension

1. *Quel est le sens du premier vers ?*
2. *Pourquoi est-il à cette place ?*
3. *Relevez, dans les paroles du loup, toutes les affirmations qui sont fausses.*
4. *Relevez, dans celles de l'agneau, les arguments qui le prouvent.*
5. *Pourquoi, en réalité, le loup mange-t-il l'agneau ?*
6. *« Si ce n'est toi, c'est donc ton frère » : à votre avis, quelles conséquences peut avoir cette façon de raisonner ?*

Écriture / Réécriture

7. *Relevez les verbes utilisés dans les vers 3, 5 et 6, en précisant les temps auxquels ils sont employés. Justifiez l'emploi de ces temps et comparez avec les quatre premiers vers de la fable Le Loup et le Chien (I, 5).*
8. *Comment se marquent, dans leur façon de s'exprimer, la brutalité du loup, la douceur de l'agneau ?*
9. *Qu'est-ce qu'un octosyllabe ? un alexandrin ? un décasyllabe ? Relevez au moins un exemple de chacun et justifiez son emploi.*
10. *Racontez une histoire si possible vraie qui illustre la même idée. Vous commencerez votre texte par : « La raison du plus fort est toujours la meilleure. » Vous continuerez en prose ou en vers. Vous tiendrez compte de la personnalité de chacun des personnages pour sa façon de s'exprimer.*
Votre texte se terminera par : « sans autre forme de procès ».

Mise en scène

11. *Représentez, ou imaginez que vous allez représenter, cette fable avec des marionnettes :*
– quelle couleur utilisez-vous pour l'agneau ? pour le loup ? pour le récitant ?
– quelle voix utilisez-vous pour l'agneau ? pour le loup ? pour le récitant ?
– reprenez le texte vers par vers et dites, pour chacun, quelle lumière, quelle musique ou quel instrument de musique doivent l'accompagner.

16. LA MORT ET LE BÛCHERON

Un pauvre Bûcheron, tout couvert de ramée[1],
Sous le faix[2] du fagot aussi bien que des ans
Gémissant et courbé, marchait à pas pesants,
Et tâchait de gagner sa chaumine• enfumée.
5   Enfin, n'en pouvant plus d'effort et de douleur,
Il met bas son fagot, il songe à son malheur.
«Quel plaisir a-t-il eu depuis qu'il est au monde?
En est-il un plus pauvre en la machine ronde[3]?
Point de pain quelquefois, et jamais de repos.»
10   Sa femme, ses enfants, les soldats•, les impôts,
        Le créancier, et la corvée•
Lui font d'un malheureux la peinture achevée.
Il appelle la Mort. Elle vient sans tarder,
        Lui demande ce qu'il faut faire.
15   «C'est, dit-il, afin de m'aider
À recharger ce bois; tu ne tarderas guère[4].»

        Le trépas• vient tout guérir;
        Mais ne bougeons d'où nous sommes:
        Plutôt souffrir• que mourir,
20   C'est la devise• des hommes.

Pointe sèche de Gérard Cochet, 1950 (B. N.).

1. *ramée* : branches.
2. *faix* : poids.
3. *la machine ronde* : la Terre.
4. *tu ne tarderas guère* : tu ne seras guère retardée.

22. LE CHÊNE ET LE ROSEAU

Le Chêne un jour dit au Roseau :
«Vous avez bien sujet[1] d'accuser la Nature ;
Un roitelet[2] pour vous est un pesant fardeau ;
    Le moindre• vent qui d'aventure•
5   Fait rider la face de l'eau,
    Vous oblige à baisser la tête,
Cependant• que mon front, au Caucase• pareil,
Non content[3] d'arrêter les rayons du soleil,
      Brave[4] l'effort de la tempête.
10 Tout vous est aquilon•, tout me semble zéphyr•.
Encor• si vous naissiez à l'abri du feuillage
        Dont je couvre le voisinage,
        Vous n'auriez pas tant à souffrir• :
    Je vous défendrais de l'orage ;
15   Mais vous naissez le plus souvent
Sur les humides bords des royaumes du vent.
La Nature envers vous me semble bien injuste.
 – Votre compassion[5], lui répondit l'arbuste,
Part d'un bon naturel ; mais quittez ce souci :
20   Les vents me sont moins qu'à vous redoutables ;
Je plie, et ne romps pas. Vous avez jusqu'ici
       Contre leurs coups épouvantables
       Résisté sans courber le dos ;
Mais attendons la fin.» Comme il disait ces mots,
25 Du bout de l'horizon accourt avec furie
       Le plus terrible des enfants
Que le Nord eût portés jusque-là dans ses flancs.
      L'arbre tient bon ; le Roseau plie.
      Le vent redouble ses efforts,
30   Et fait si bien qu'il déracine

1. *Vous avez bien sujet* : vous avez bien des raisons.
2. *roitelet* : tout petit oiseau.
3. *non content de* : ne se contentant pas de.
4. *Brave* : défie.
5. *compassion* : sympathie.

Celui de qui la tête au* ciel était voisine,
Et dont les pieds touchaient à l'empire des morts.

FABLE VINGT-DEUXIESME.

Le Chefne & le Roſeau.

LE Chefne un jour dit au Rozeau :
Vous avez bien ſujet d'accuſer la Nature.
Un Roitelet pour vous eſt un peſant fardeau.
Le moindre vent qui d'aventure
Fait rider la face de l'eau,
Vous oblige à baiſſer la teſte :
Cependant que mon front au Caucaſe pareil,

Gravure de François Chauveau, illustrateur de l'édition originale des Fables.

Illustration de Gustave Doré (B. N.).

44

LIVRE DEUXIÈME

9. LE LION ET LE MOUCHERON

«Va-t'en, chétif• insecte, excrément[1] de la terre! »
           C'est en ces mots que le Lion
           Parlait un jour au Moucheron.
           L'autre lui déclara la guerre.
5   «Penses-tu, lui dit-il, que ton titre de roi
           Me fasse peur ni me soucie[2]?
           Un bœuf est plus puissant[3] que toi :
           Je le mène à ma fantaisie.»
           À peine il achevait ces mots
10   Que lui-même il sonna la charge,
           Fut le trompette[4] et le héros[5].
           Dans l'abord[6] il se met au large[7];
           Puis prend son temps[8], fond sur le cou
           Du Lion, qu'il rend presque fou.
15 Le quadrupède écume, et son œil étincelle;
    Il rugit; on se cache, on tremble à* l'environ[9];
           Et cette alarme universelle
           Est l'ouvrage d'un moucheron.
    Un avorton de mouche[10] en cent lieux le harcelle* :
20 Tantôt pique l'échine•, et tantôt le museau,
           Tantôt entre au fond du naseau.
    La rage alors se trouve à son faîte• montée.
    L'invisible ennemi triomphe, et rit de voir

---

1. *excrément* : terme de mépris.
2. *me soucie* : m'inquiète.
3. *puissant* : gros.
4. *le trompette* : celui qui joue de la trompette pour entraîner les troupes.
5. *héros* : personnage principal.
6. *dans l'abord* : au moment de l'attaque.
7. *il se met au large* : il s'éloigne.
8. *prend son temps* : choisit son moment.
9. *l'environ* : l'entourage.
10. *avorton de mouche* : mouche minuscule, moucheron.

Qu'il n'est griffe ni dent en la bête irritée
25 Qui de la mettre en sang ne fasse son devoir.
Le malheureux Lion se déchire lui-même,
Fait résonner sa queue à l'entour de ses flancs[1],
Bat l'air, qui n'en peut mais[2] ; et sa fureur extrême
Le fatigue, l'abat : le voilà sur les dents[3].
30 L'insecte du combat se retire avec gloire :
Comme il sonna la charge, il sonne la victoire,
Va partout l'annoncer, et rencontre en chemin
L'embuscade d'une araignée ;
Il y rencontre aussi sa fin.

35 Quelle chose par là nous peut être enseignée ?
J'en vois deux, dont l'une est qu'entre nos ennemis
Les plus à craindre sont souvent les plus petits ;
L'autre, qu'aux grands périls tel a pu se soustraire,
Qui périt pour la moindre• affaire•.

---

1. *flancs* : côtés.
2. *n'en peut mais* : n'y peut rien.
3. *sur les dents* : épuisé.

11. LE LION ET LE RAT

12. LA COLOMBE ET LA FOURMI

Il faut, autant qu'on peut, obliger[1] tout le monde :
On a souvent besoin d'un plus petit que soi.
De cette vérité deux fables feront foi[2]
   Tant la chose en preuves abonde[3].

5   Entre les pattes d'un Lion
Un Rat sortit de terre assez à l'étourdie.
Le roi des animaux, en cette occasion,
Montra ce qu'[4]il était, et lui donna la vie.
   Ce bienfait ne fut pas perdu.
10   Quelqu'un aurait-il jamais cru
   Qu'un Lion d'un Rat eût affaire ?
Cependant il avint• qu'au sortir des forêts
   Ce Lion fut pris dans des rets•,
Dont ses rugissements ne le purent défaire.
15 Sire• Rat accourut, et fit tant par ses dents
Qu'une maille rongée emporta tout l'ouvrage.
   Patience et longueur de temps
   Font plus que force ni* que rage.

L'autre exemple est tiré d'animaux plus petits.

20 Le long d'un clair ruisseau buvait une Colombe,
Quand sur l'eau se penchant une Fourmis* y tombe,
Et dans cet océan l'on eût vu la Fourmis
S'efforcer, mais en vain•, de regagner la rive.
La Colombe aussitôt usa de charité :
25 Un brin d'herbe dans l'eau par elle étant jeté,

---

1. *obliger* : rendre service à.
2. *feront foi* : apporteront la preuve.
3. *abonde* : est riche.
4. *ce qu'* : qui.

Ce fut un promontoire[1] où la Fourmis arrive[2].
       Elle se sauve[3] ; et là-dessus
Passe un certain croquant[4] qui marchait les pieds nus.
Ce croquant, par hasard, avait une arbalète.
30   Dès qu'il voit l'oiseau de Vénus•,
Il le croit en son pot[5], et déjà lui fait fête.
Tandis qu'à le tuer mon villageois s'apprête,
       La Fourmis le pique au talon.
       Le vilain[6] retourne la tête :
35 La Colombe l'entend, part, et tire de long[7].
Le soupé du croquant avec elle s'envole :
       Point de Pigeon pour une obole•.

Illustration de Gustave Doré.

---

1. *promontoire* : terre qui s'avance dans la mer.
2. *arrive* : aborde.
3. *elle se sauve* : elle est sauvée.
4. *croquant* : quelqu'un.
5. *pot* : marmite.
6. *vilain* : paysan.
7. *tire de long* : s'enfuit.

48

Compréhension

1. Dans la fable 11, quel mot de liaison pourrait relier le vers 2 au vers 1?
2. Quel commentaire faites-vous sur cette moralité?
3. Ces fables racontent plusieurs anecdotes : donnez le nombre de vers et un titre pour chacune d'elles.
4. Dans la fable 11 (vers 7, 8) :
– que signifie «montra ce qu'il était» ?
– pourquoi La Fontaine désigne-t-il le rat par «Sire Rat» (vers 15)?
5. Dans la fable 12 :
– quels sont les deux renseignements que La Fontaine nous donne sur le croquant et pourquoi?
– quelle(s) remarque(s) le vocabulaire utilisé dans le dernier vers vous inspire-t-il?

Écriture / Réécriture

6. Dans ces fables, quels vers expriment des moralités? Parmi celles-ci, lesquelles sont devenues des proverbes?
7. Transformez le vers 9 en proverbe• : quels changements remarquez-vous?
8. Fable 11 (vers 5, 6) :
– quelles sont la place et la fonction de «Entre les pattes d'un lion» ?
– récrivez cette phrase en rétablissant l'ordre habituel;
– comparez et dites quel est l'effet produit par la phrase de La Fontaine;
– composez une autre phrase sur le même modèle pour produire un effet semblable;
– «le roi des animaux» : quel est le nom de cette figure• de style? Pourquoi est-elle utilisée ici?
9. Fable 12 :
– faites, pour le vers 20, le même travail qu'à la question 8;
– qu'a d'amusant le rapprochement des vers 30 et 31?
– scandez les vers 27 à 35; donnez leur nom et justifiez leur emploi;
– justifiez l'emploi des mots : «océan», «rive», «promontoire».
10. Alice au pays des Merveilles... Vous savez qu'Alice, en mangeant certain gâteau, en buvant certaine potion devient très grande

49

ou très petite. *Choisissez un lieu dans lequel Alice se trouvera successivement dans ces deux états, et que vous décrirez de son point de vue. Vous serez attentif au choix des termes employés.*

Mise en scène

11. *Racontez la fable 12 en bande dessinée (travail à faire avec le professeur d'Arts plastiques) :*
– *combien de vignettes prévoyez-vous ?*
– *comment rendez-vous les vers 32 et 36 ?*
– *plusieurs gros plans sont nécessaires pour illustrer certains vers : lesquels ?*

La Colombe et la Fourmi, *dessin de Sylvain Sauvage, 1934.*

15. LE COQ ET LE RENARD

Sur la branche d'un arbre était en sentinelle
         Un vieux Coq adroit et matois[1].
«Frère, dit un Renard, adoucissant sa voix,
         Nous ne sommes plus en querelle.
5   Paix générale cette fois.
Je viens te l'annoncer; descends, que* je t'embrasse•.
         Ne me retarde point, de grâce;
Je dois faire aujourd'hui vingt postes• sans manquer[2].
         Les tiens et toi pouvez vaquer•,
10   Sans nulle crainte, à vos affaires;
         Nous vous y servirons en frères.
         Faites-en les feux• dès ce soir,
         Et cependant• viens recevoir
         Le baiser d'amour fraternelle*.
15 – Ami, reprit le Coq, je ne pouvais* jamais
Apprendre une plus douce et meilleure nouvelle
            Que celle
            De cette paix;
         Et ce m'est une double joie
20 De la tenir de toi[3]. Je vois deux Lévriers,
         Qui, je m'assure[4], sont courriers•
         Que pour ce sujet on envoie :
Ils vont vite, et seront dans un moment à nous.
Je descends : nous pourrons nous entre-baiser tous.
25 – Adieu, dit le Renard; ma traite est longue à faire :
Nous nous réjouirons du succès de l'affaire•
        Une autre fois.» Le galand• aussitôt
         Tire ses grègues•, gagne au haut[5],
         Mal content de son stratagème[6].
30   Et notre vieux Coq en soi-même

---

1. *matois* : rusé.
2. *sans manquer* : sans faute.
3. *de la tenir de toi* : de l'apprendre par ta bouche.
4. *je m'assure* : j'en suis sûr.
5. *gagne au haut* : s'enfuit.
6. *stratagème* : ruse.

Se mit à rire de sa peur ;
Car c'est double plaisir de tromper le trompeur.

Gravure de J. Ouvrier, d'après J.-B. Oudry.

LIVRE TROISIÈME

1. LE MEUNIER, SON FILS ET L'ÂNE

À M.D.M.•

[...]¹
« J'ai lu dans quelque endroit qu'un Meunier et son Fils,
L'un vieillard, l'autre enfant, non pas des plus petits,
Mais garçon de quinze ans, si j'ai bonne mémoire,
Allaient vendre leur Âne, un certain jour de foire.
5 Afin qu'il fût plus frais et de meilleur débit²,
On lui lia les pieds, on vous• le suspendit;
Puis cet homme et son Fils le portent comme un lustre.
Pauvre gens, idiots, couple ignorant et rustre•!
Le premier qui les vit de rire s'éclata* :
10 "Quelle farce, dit-il, vont jouer ces gens-là?
Le plus âne des trois n'est pas celui qu'on pense."
Le Meunier, à ces mots, connaît³ son ignorance;
Il met sur pieds sa bête, et la fait détaler.
L'Âne, qui goûtait fort• l'autre façon d'aller,
15 Se plaint en son patois⁴. Le Meunier n'en a cure⁵;
Il fait monter son Fils, il suit, et d'aventure•
Passent trois bons⁶ marchands. Cet objet• leur déplut.
Le plus vieux au garçon s'écria tant qu'il put :
"Oh là! oh! descendez, que* l'on ne vous le dise,
20 Jeune homme, qui menez laquais à barbe grise!
C'était à vous de suivre, au vieillard de monter.
– Messieurs, dit le Meunier, il vous faut* contenter." »

---

1. La fable proprement dite est précédée de 26 vers constituant une sorte de prologue, ce qui explique qu'elle commence et finisse par des guillemets.
2. *débit* : vente.
3. *connaît* : reconnaît.
4. *en son patois* : à sa manière.
5. *n'en a cure* : ne s'en soucie pas.
6. *bons* : riches.

L'enfant met pied à terre, et puis le vieillard monte,
Quand trois filles passant, l'une dit : "C'est grand'
[honte*
25 Qu'il faille voir ainsi clocher ce jeune fils,
Tandis que ce nigaud, comme un évêque assis,
Fait le veau[1] sur son Âne, et pense être bien sage*.
– Il n'est, dit le Meunier, plus de veaux à mon âge :
Passez votre chemin, la fille, et m'en croyez*."
30 Après maints* quolibets[2] coup sur coup renvoyés,
L'homme crut avoir tort, et mit son Fils en croupe.
Au bout de trente pas, une troisième troupe
Trouve encore à gloser*. L'un dit : "Ces gens sont fous !
Le Baudet n'en peut plus ; il mourra sous leurs coups.
35 Hé quoi ? charger ainsi cette pauvre bourrique !
N'ont-ils point de pitié de leur vieux domestique ?
Sans doute qu'à la foire ils vont vendre sa peau.
– Parbieu[3] ! dit le Meunier, est bien fou du cerveau
Qui prétend contenter tout le monde et son père[4].
40 Essayons toutefois si par quelque manière
Nous en viendrons à bout." Ils descendent tous deux.
L'Âne se prélassant* marche seul devant eux.
Un quidam[5] les rencontre, et dit : "Est-ce la mode
Que Baudet aille à l'aise, et Meunier s'incommode[6] ?
45 Qui de l'Âne ou du maître est fait pour se lasser* ?
Je conseille à ces gens de le faire enchâsser*.
Ils usent leurs souliers, et conservent leur Âne.
Nicolas*, au rebours[7] ; car, quand il va voir Jeanne,
Il monte sur sa bête ; et la chanson le dit.
50 Beau trio de baudets !" Le Meunier repartit* :
"Je suis âne, il est vrai, j'en conviens, je l'avoue ;
Mais que dorénavant on me blâme, on me loue,
Qu'on dise quelque chose ou qu'on ne dise rien,

---

1. *Fait le veau* : fait le sot.
2. *quolibets* : moqueries.
3. *Parbieu* : par Dieu (juron).
4. *tout le monde et son père* : tout le monde sans exception.
5. *Un quidam* : quelqu'un.
6. *s'incommode* : se gêne.
7. *au rebours* : au contraire [de Nicolas].

J'en veux faire à ma tête. " Il le fit, et fit bien.

55 Quant à vous•, suivez Mars•, ou l'Amour•, ou le Prince• ;
Allez, venez, courez ; demeurez en province ;
Prenez femme[1], abbaye[2], emploi[3], gouvernement[4] :
Les gens en parleront, n'en doutez nullement. »

Le Meunier, son Fils, et l'Âne, *mise en scène Ecla théâtre, Paris, 1992.*

---

1. *Prenez femme* : mariez-vous.
2. *prenez abbaye* : entrez dans les ordres.
3. *prenez emploi* : prenez des fonctions politiques ou administratives.
4. *prenez gouvernement* : devenez responsable militaire d'une province.

Questions

Compréhension

1. Que cherche à faire le meunier ?
2. Quelles sont les différentes solutions qu'il adopte dans ce but ? Citez les vers qui les décrivent.
3. Qu'ont en commun les conseils successifs ?
4. Relevez des passages où La Fontaine s'amuse et expliquez-les.

Écriture

5. Relevez les vers qui expriment la moralité. Par qui sont-ils prononcés ?

Mise en scène

6. *(Sujet d'improvisation.)* Un élève ne sait que faire après sa troisième. Il va successivement demander conseil à :
• un camarade dont les résultats sont faibles et qui n'a qu'une envie : fuir le collège ;
• un brillant élève qui envisage déjà de préparer un jour les concours aux Grandes Écoles ;
• un vieil artisan qui adore son métier ;
• sa mère :
– improvisez les dialogues (les différents élèves volontaires pour jouer les conseilleurs ne devront pas entendre les dialogues tant qu'ils ne seront pas passés eux-mêmes) ;
– réfléchissez ensuite tous ensemble sur la qualité des différents conseils donnés ;
– il est possible d'enregistrer les dialogues et de les travailler pour les écrire ensuite.

2. LES MEMBRES ET L'ESTOMAC

Je devois* par la royauté
Avoir commencé mon ouvrage :
À la voir d'un certain côté,
Messer Gaster• en est l'image ;
5 S'il a quelque besoin, tout le corps s'en ressent.

De travailler pour lui les Membres se lassant,
Chacun d'eux résolut de vivre en gentilhomme,
Sans rien faire, alléguant• l'exemple de Gaster.
«Il faudrait, disaient-ils, sans nous qu'il vécût d'air.
10 Nous suons, nous peinons comme bêtes de somme[1] ;
Et pour qui ? pour lui seul ; nous n'en profitons pas ;
Notre soin• n'aboutit qu'à fournir ses repas.
Chômons, c'est un métier qu'il veut nous faire
                           [apprendre.»
Ainsi dit, ainsi fait. Les Mains cessent de prendre,
15   Les Bras d'agir, les Jambes de marcher :
Tous dirent à Gaster qu'il en[2] allât chercher.
Ce leur fut une erreur• dont ils se repentirent :
Bientôt les pauvres gens tombèrent en langueur[3] ;
Il ne se forma plus de nouveau• sang au cœur ;
20 Chaque Membre en souffrit ; les forces se perdirent.
        Par ce moyen, les mutins[4] virent
Que celui qu'ils croyaient oisif et paresseux,
À l'intérêt commun contribuait plus qu'eux.

Ceci peut s'appliquer à la grandeur royale.
25 Elle reçoit et donne, et la chose est égale.
Tout travaille pour elle, et réciproquement
        Tout tire d'elle l'aliment.
Elle fait subsister• l'artisan de ses peines,

---

1. *bêtes de somme* : bêtes qui portent des fardeaux.
2. *en* : de la nourriture ? d'autres mains, d'autres bras, d'autres jambes ?
3. *tombèrent en langueur* : s'affaiblirent.
4. *mutins* : révoltés.

Enrichit le marchand, gage[1] le magistrat,
30 Maintient[2] le laboureur, donne paie au soldat•,
Distribue en cent lieux ses grâces souveraines,
       Entretient seule tout l'État.
       Ménénius le sut bien dire.
La commune[3] s'allait séparer du sénat[4].
35 Les mécontents disaient qu'il avait tout l'empire[5],
Le pouvoir, les trésors, l'honneur, la dignité ;
Au lieu que[6] tout le mal était de leur côté,
Les tributs[7], les impôts[8], les fatigues de guerre.
Le peuple hors des murs était déjà posté,
40 La plupart s'en allaient chercher une autre terre,
       Quand Ménénius leur fit voir
       Qu'ils étaient aux Membres semblables,
Et par cet apologue•, insigne• entre les fables•,
       Les ramena dans leur devoir.

---

1. *gage* : donne salaire.
2. *maintient* : fait vivre.
3. *la commune* : le peuple.
4. *sénat* : ceux qui gouvernaient à Rome.
5. *empire* : puissance.
6. *au lieu que* : tandis que.
7. *tributs* : impôts directs.
8. *impôts* : impôts indirects.

4. LES GRENOUILLES
QUI DEMANDENT UN ROI

Les Grenouilles se lassant•
De l'état démocratique,
Par leurs clameurs firent tant
Que Jupin• les soumit au pouvoir monarchique.
5   Il leur tomba du ciel un Roi tout pacifique :
Ce Roi fit toutefois un tel bruit en tombant,
Que la gent[1] marécageuse,
Gent fort• sotte et fort peureuse,
S'alla cacher sous les eaux,
10   Dans les joncs, dans les roseaux,
Dans les trous du marécage,
Sans oser de longtemps regarder au visage
Celui qu'elles croyaient être un géant nouveau•.
Or c'était un Soliveau[2],
15   De qui la gravité fit peur à la première
Qui, de le voir s'aventurant*,
Osa bien[3] quitter sa tanière.
Elle approcha, mais en tremblant;
Une autre la suivit, une autre en fit autant;
20   Il en vint une fourmilière;
Et leur troupe à la fin se rendit familière
Jusqu'à sauter sur l'épaule du Roi.
Le bon sire• le souffre•, et se tient toujours coi[4].
Jupin en a bientôt la cervelle rompue[5] :
25   «Donnez-nous, dit ce peuple, un roi qui se remue.»
Le Monarque des Dieux leur envoie une Grue,
Qui les croque, qui les tue,
Qui les gobe à son plaisir;
Et Grenouilles de se plaindre,
30   Et Jupin de leur dire : «Eh quoi? votre désir

---

1. *gent* : peuple.
2. *soliveau* : poutrelle.
3. *bien* : pour de bon.
4. *coi* : tranquille.
5. *en a la cervelle rompue* : en a assez.

À ses lois croit-il nous astreindre[1] ?
Vous avez dû* premièrement
Garder votre gouvernement ;
Mais ne l'ayant pas fait, il vous devait suffire*
35 Que votre premier roi fût débonnaire[2] et doux :
De celui-ci contentez-vous,
De peur d'en rencontrer un pire. »

*« Le Monarque des Dieux leur envoie une Grue,
Qui les croque, qui les tue,
Qui les gobe à son plaisir. »*

1. *astreindre* : soumettre.
2. *débonnaire* : trop bon.

Compréhension

1. *Que représentent les grenouilles ?*
2. *Quels sont les différents sentiments qu'elles éprouvent ? Citez le texte pour justifier votre réponse.*
3. *D'après cette fable, quel jugement La Fontaine porte-t-il sur le peuple ?*
4. *Expliquez par leur étymologie : «démocratique», «monarchique», «pacifique».*
5. *Quel est le double sens du mot «gravité» ? Commentez-en l'emploi.*
6. *La moralité de la fable :*
– *La Fontaine l'exprime-t-il ? pourquoi ?*
– *quelle est-elle, selon vous ?*
– *qu'en pensez-vous ?*

Écriture

7. *Quelle est la valeur des infinitifs aux vers 29, 30 ? Par quoi pourrait-on les remplacer ?*
8. *À propos des vers 1, 4, 6, 9, 12, 13, 14, 18, 27 :*
– *scandez ces vers ; dites le nom de chacun d'entre eux et justifiez leur emploi ;*
– *expliquez les enjambements• (vers 12-13, 21-22) ;*
– *trouvez des allitérations• et des répétitions, et expliquez leur emploi.*
9. *Exprimez le contraire de la moralité de cette fable, et imaginez une histoire qui l'illustre : inventez des phrases ou des vers qui traduisent par leur longueur, leur rythme, la sonorité des mots qui les composent, l'importance ou l'insignifiance, la lenteur ou la rapidité des héros de l'histoire.*

Mise en scène

10. *(À plusieurs : toute la classe peut participer.) Racontez cette scène, sans un mot, sans un geste, uniquement avec des sons.*

LE RENARD ET LE BOUC.

5. LE RENARD ET LE BOUC

Capitaine• Renard allait de compagnie
Avec son ami Bouc des plus haut encornés :
Celui-ci ne voyait pas plus loin que son nez ;
L'autre était passé maître[1] en fait de tromperie.
5   La soif les obligea de descendre en un puits :
   Là chacun d'eux se désaltère.
Après qu'abondamment tous deux en* eurent pris,
Le Renard dit au Bouc : «Que ferons-nous, compère• ?
Ce n'est pas tout de boire, il faut sortir d'ici.
10   Lève tes pieds en haut, et tes cornes aussi ;
Mets-les contre le mur : le long de ton échine•
   Je grimperai premièrement ;
   Puis sur tes cornes m'élevant,
   À l'aide de cette machine,
15   De ce lieu-ci je sortirai,
   Après quoi je t'en tirerai.
– Par ma barbe, dit l'autre, il* est bon ; et je loue
   Les gens bien sensés comme toi.
   Je n'aurai jamais, quant à moi,
20   Trouvé ce secret, je l'avoue.»
Le Renard sort du puits, laisse son compagnon,
   Et vous• lui fait un beau sermon
   Pour l'exhorter[2] à patience.
«Si le ciel t'eût, dit-il, donné par excellence[3]
25   Autant de jugement que de barbe au menton,
Tu n'aurais pas*, à la légère,
Descendu dans ce puits. Or[4] adieu : j'en suis hors ;
Tâche de t'en tirer, et fais tous tes efforts ;
   Car, pour moi, j'ai certaine affaire•
30   Qui ne me permet pas d'arrêter* en chemin.»

En toute chose il faut considérer la fin.

---

1. *passé maître* : devenu expert.
2. *exhorter* : encourager.
3. *par excellence* : en faisant très bien les choses.
4. *or* : maintenant.

14. LE LION DEVENU VIEUX

Le Lion, terreur des forêts,
Chargé d'ans et pleurant son antique prouesse[1],
Fut enfin• attaqué par ses propres sujets,
    Devenus forts par sa faiblesse.
5 Le Cheval s'approchant lui donne un coup de pied;
Le Loup, un coup de dent; le Bœuf, un coup de corne.
Le malheureux Lion, languissant[2], triste et morne,
Peut à peine rugir, par l'âge estropié[3].
Il attend son destin, sans faire aucunes plaintes*,
10 Quand voyant l'Âne même à son antre[4] accourir:
«Ah! c'est trop, lui dit-il; je voulais bien mourir;
Mais c'est mourir deux fois que souffrir• tes atteintes[5].»

Delacroix, Un lion à la source, *musée de Bordeaux.*

1. *prouesse* : vaillance.
2. *languissant* : affaibli.
3. *estropié* : rendu infirme.
4. *antre* : caverne.
5. *atteintes* : coups.

LIVRE QUATRIÈME

1. LE LION AMOUREUX
À MADEMOISELLE DE SÉVIGNÉ•

Sévigné, de qui les attraits•
Servent aux Grâces• de modèle,
Et qui naquîtes toute belle,
À votre indifférence près,
5   Pourriez-vous être favorable
Aux jeux innocents d'une fable•,
Et voir, sans vous épouvanter,
Un Lion qu'Amour• sut dompter ?
Amour est un étrange maître.
10   Heureux qui peut ne le connaître
Que par récit, lui ni* ses coups !
Quand on en parle devant vous,
Si la vérité vous offense,
La fable au moins se peut souffrir• :
15   Celle-ci prend bien l'assurance
De venir à vos pieds s'offrir,
Par zèle et par reconnaissance.

Du temps que les bêtes parlaient,
Les lions entre autres voulaient
20   Être admis dans notre alliance.
Pourquoi non ? puisque leur engeance•
Valait la nôtre en ce temps-là,
Ayant courage, intelligence,
Et belle hure¹ outre² cela.
25   Voici comment il en alla :

---

1. *hure* : tête.
2. *outre* : en plus de.

65

Un Lion de haut parentage[1],
En passant par un certain pré,
Rencontra bergère à son gré• :
Il la demande en mariage.
30   Le père aurait fort• souhaité
Quelque gendre un peu moins terrible.
La donner lui semblait bien dur;
La refuser n'était pas sûr;
Même un refus eût fait, possible•,
35   Qu'on eût vu quelque beau matin
Un mariage clandestin;
Car outre qu'en toute manière
La belle était pour les gens fiers,
Fille se coiffe[2] volontiers
40   D'amoureux à longue crinière.
Le père donc ouvertement
N'osant renvoyer notre amant•,
Lui dit : «Ma fille est délicate;
Vos griffes la pourront blesser
45   Quand vous voudrez la caresser.
Permettez donc qu'à chaque patte
On vous les rogne; et pour les dents,
Qu'on vous les lime en même temps :
Vos baisers en seront moins rudes,
50   Et pour vous plus délicieux;
Car ma fille y répondra mieux,
Étant sans ces inquiétudes.»
Le Lion consent à• cela,
Tant son âme était aveuglée!
55   Sans dents ni griffes le voilà,
Comme place démantelée•.
On lâcha sur lui quelques chiens :
Il fit fort peu de résistance.

Amour•, Amour, quand tu nous tiens,
60   On peut bien dire : «Adieu prudence!»

---

1. *de haut parentage* : de famille noble.
2. *se coiffe* : devient amoureuse.

66

6. LE COMBAT DES RATS ET DES BELETTES

La nation des Belettes,
Non plus que celle des Chats,
Ne veut aucun bien aux Rats;
Et sans les portes étrètes•
5   De leurs habitations,
L'animal à longue échine•
En ferait, je m'imagine,
De grandes destructions.
Or une certaine année
10   Qu'il en était à foison[1],
Leur roi, nommé Ratapon,
Mit en campagne une armée.
Les Belettes, de leur part,
Déployèrent l'étendard[2].
15   Si l'on croit la renommée[3],
La victoire balança[4] :
Plus d'un guéret[5] s'engraissa
Du sang de plus d'une bande.
Mais la perte la plus grande
20   Tomba presque en tous endroits
Sur le peuple souriquois.
Sa déroute fut entière,
Quoi que pût faire Artarpax•,
Psicarpax•, Méridarpax•,
25   Qui, tout couverts de poussière,
Soutinrent assez longtemps
Les efforts des combattants.
Leur résistance fut vaine;
Il fallut céder au sort :
30   Chacun s'enfuit au plus fort[6],

---

1. *à foison* : beaucoup.
2. *étendard* : drapeau.
3. *renommée* : rumeur.
4. *balança* : hésita.
5. *guéret* : champ.
6. *au plus fort* : au plus vite.

Tant soldat* que capitaine*
Les princes périrent tous.
La racaille[1], dans des trous
Trouvant sa retraite prête,
35 Se sauva sans grand travail* ;
Mais les seigneurs sur leur tête
Ayant chacun un plumail[2],
Des cornes ou des aigrettes[2],
Soit comme marques d'honneur,
40 Soit afin que les Belettes
En conçussent plus de peur.
Cela causa leur malheur.
Trou, ni fente, ni crevasse
Ne fut large assez pour eux ;
45 Au lieu que la populace
Entrait dans les moindres creux.
La principale jonchée[3]
Fut donc des principaux Rats.

Une tête empanachée[4]
50 N'est pas petit embarras.
Le trop superbe équipage[5]
Peut souvent en un passage
Causer du retardement.
Les petits, en toute affaire*,
55 Esquivent* fort* aisément :
Les grands ne le peuvent faire.

---

1. *racaille* : populace.
2. *plumail, aigrettes* : ornements de plumes.
3. *jonchée* : carnage.
4. *empanachée* : garnie d'un panache, c'est-à-dire d'un assemblage de plumes flottantes.
5. *équipage* : ici, vêtement d'apparat et armes des chefs.

14. LE RENARD ET LE BUSTE[1]

Les grands, pour la plupart, sont masques de théâtre;
Leur apparence impose au vulgaire[2] idolâtre[3].
L'Âne n'en[4] sait juger que par ce qu'il en voit:
Le Renard, au contraire, à fond les examine,
5 Les tourne de tout sens; et quand il s'aperçoit
        Que leur fait[5] n'est que bonne mine•,
Il leur applique un mot qu'un buste de héros
        Lui fit dire fort• à propos.
C'était un buste creux, et plus grand que nature.
10 Le Renard, en louant l'effort[6] de la sculpture:
«Belle tête, dit-il; mais de cervelle point.»

Combien de grands seigneurs sont bustes en ce point•!

---

1. *buste* : sculpture de la tête et du haut du corps sans les bras.
2. *au vulgaire* : aux gens.
3. *idolâtre* : qui adore les idoles du jour.
4. *en* : des masques.
5. *fait* : réalité.
6. *l'effort* : la belle réalisation.

Compréhension

1. *Comment comprenez-vous : «sont masques de théâtre» ? Remplacez par une expression synonyme.*
2. *Qui l'âne et le renard représentent-ils ?*
3. *De qui La Fontaine fait-il ici la critique ?*
4. *Cette critique pourrait-elle s'adresser à d'autres personnes ? lesquelles ?*

Écriture / Réécriture

5. *Relevez toutes les rimes en précisant :*
– comment elles sont disposées ;
– si elles sont pauvres, suffisantes ou riches.
6. *Inventez d'autres vers pour raconter une autre histoire en ne gardant que les rimes.*

Mise en scène

7. *Réalisez ou décrivez :*
– un masque que vous aimeriez porter ;
– un masque que vous détesteriez porter.
8. *Si vous les avez réalisés, jouez deux scènes improvisées en les portant successivement. Parlez ensuite de ces improvisations avec votre professeur et vos camarades.*
9. *Travail de recherche : trouvez des reproductions de masques utilisés dans le théâtre grec. Quels étaient leurs rôles ?*

15. LE LOUP, LA CHÈVRE ET LE CHEVREAU

La Bique[1], allant remplir sa traînante mamelle,
          Et paître• l'herbe nouvelle,
          Ferma sa porte au loquet•,
          Non sans dire à son Biquet• :
5   «Gardez•-vous, sur votre vie,
          D'ouvrir que l'on ne vous die*,
          Pour enseigne[2] et mot du guet[3] :
          Foin[4] du Loup et de sa race!»
          Comme elle disait ces mots,
10   Le Loup de fortune• passe ;
          Il les recueille à propos,
          Et les garde en sa mémoire.
          La Bique, comme on peut croire,
          N'avait pas vu le glouton.
15 Dès qu'il la voit partie, il contrefait[5] son ton,
          Et d'une voix papelarde[6]
Il demande qu'on ouvre, en disant : «Foin du Loup!»
          Et croyant entrer tout d'un coup.
Le Biquet soupçonneux par la fente regarde :
20 «Montrez-moi patte blanche, ou je n'ouvrirai point,»
S'écria-t-il d'abord•. Patte blanche est un point•
Chez les loups, comme on sait, rarement en usage.
Celui-ci, fort• surpris d'entendre ce langage,
Comme il était venu s'en retourna chez soi*.
25 Où serait le Biquet s'il eût ajouté foi[7]
          Au mot du guet que de fortune
          Notre Loup avait entendu?

          Deux sûretés[8] valent mieux qu'une,
Et le trop en cela ne fut jamais perdu.

---

1. *Bique* : chèvre.
2. *enseigne* : en signe de reconnaissance.
3. *mot du guet* : mot de passe.
4. *Foin du Loup!* : à bas le loup!
5. *contrefait* : déguise.
6. *papelarde* : hypocrite.
7. *ajouté foi* : cru.
8. *sûretés* : garanties.

Façade de la Maison de J. de Lafontaine à Château-Thierry

17. PAROLE DE SOCRATE•

    Socrate un jour faisant bâtir,
    Chacun censurait• son ouvrage :
L'un trouvait les dedans[1], pour ne lui point mentir,
    Indignes d'un tel personnage ;
5 L'autre blâmait la face[2], et tous étaient d'avis
Que les appartements[3] en étaient trop petits.
Quelle maison pour lui ! l'on y tournait à peine.
    «Plût au ciel que de vrais amis,
Telle qu'elle est, dit-il, elle pût être pleine !»

10   Le bon Socrate avait raison
De trouver pour ceux-là trop grande sa maison.
Chacun se dit ami ; mais fol qui s'y repose[4] :
    Rien n'est plus commun que ce nom,
    Rien n'est plus rare que la chose.

Socrate, gravure de Trotter d'après une peinture de Rubens.

1. *les dedans* : l'intérieur.
2. *face* : façade.
3. *appartements* : pièces.
4. *fol qui s'y repose* : fou qui croit cela.

21. L'ŒIL DU MAÎTRE•

Un Cerf, s'étant sauvé[1] dans une étable à Bœufs,
      Fut d'abord• averti par eux
      Qu'il cherchât un meilleur asile•.
«Mes frères, leur dit-il, ne me décelez[2] pas :
5 Je vous enseignerai les pâtis[3] les plus gras ;
Ce service vous peut quelque jour être utile,
      Et n'en aurez point regret.»
Les Bœufs, à toutes fins[4], promirent le secret.
Il se cache en un coin, respire, et prend courage.
10 Sur le soir on apporte herbe fraîche et fourrage,
      Comme l'on faisait tous les jours :
    L'on va, l'on vient, les valets font cent tours,
    L'intendant[5] même ; et pas un, d'aventure•,
      N'aperçut ni cors[6], ni ramure[7],
15   Ni Cerf enfin•. L'habitant des forêts
Rend déjà grâce aux Bœufs, attend dans cette étable
Que chacun retournant au travail• de Cérès•,
Il trouve pour sortir un moment favorable.
L'un des Bœufs ruminant lui dit : «Cela va bien ;
20 Mais quoi ? l'homme aux cent yeux n'a pas fait sa revue.
      Je crains fort• pour toi sa venue ;
Jusque-là, pauvre Cerf, ne te vante de rien.»
Là-dessus le Maître entre, et vient faire sa ronde.
      «Qu'est ceci ? dit-il à son monde.
25 Je trouve bien peu d'herbe en tous ces râteliers[8] ;
Cette litière est vieille : allez vite aux greniers ;
Je veux voir désormais vos bêtes mieux soignées.
Que coûte-t-il d'ôter toutes ces araignées ?

---

1. *s'étant sauvé* : ayant trouvé refuge.
2. *décelez* : dénoncez.
3. *pâtis* : pâturages.
4. *à toutes fins* : à tout hasard.
5. *intendant* : responsable des valets.
6. *cors* : petites cornes sortant du bois du cerf.
7. *ramure* : bois entier du cerf.
8. *râteliers* : mangeoires.

Ne saurait-on ranger ces jougs[1] et ces colliers?»
30 En regardant à tout, il voit une autre tête
Que celles qu'il voyait d'ordinaire en ce lieu.
Le Cerf est reconnu : chacun prend un épieu ;
    Chacun donne un coup à la bête.
Ses larmes ne sauraient la sauver du trépas• .
35 On l'emporte, on la sale, on en fait maint• repas,
    Dont maint voisin s'éjouit[2] d'être.

Phèdre• sur ce sujet dit fort• élégamment :
    Il n'est, pour voir, que l'œil du Maître• .
Quant à moi, j'y mettrais encor• l'œil de l'amant• .

Illustration de Gustave Doré.

1. *jougs* : bois servant à l'attelage des bœufs.
2. *s'éjouit* : se réjouit.

Compréhension

1. *Combien la fable comporte-t-elle de séquences ?*
2. *Pour chaque séquence, précisez :*
– *les personnages en scène ;*
– *la situation du cerf.*
3. *Comment le cerf appelle-t-il les bœufs (vers 4) et pourquoi ?*
4. *Quel est le double sens du mot «ruminant» (vers 19) ?*
5. *Le nom que les bœufs donnent au maître :*
– *quel est-il ?*
– *de quel personnage de la mythologie peut-on le rapprocher ?*
– *quels détails observés par le maître montrent que l'on a bien raison de l'appeler ainsi ?*
6. *Expliquez : «Ses larmes ne sauraient le sauver du trépas».*
7. *La Fontaine nous fait-il nous attendrir sur le sort du cerf ? Pourquoi ?*
8. *Par deux fois, La Fontaine annonce le dénouement : citez les deux endroits.*

Écriture / Réécriture

9. *Dans quel vers La Fontaine nous montre-t-il :*
– *l'agitation vaine des valets ?*
– *l'efficacité du Maître ?*
10. *Scandez les vers concernés par la question 9 et étudiez leur rythme.*
11. *Composez quelques vers pour faire voir :*
– *l'agitation d'une fourmilière ;*
– *la tranquille démarche d'un chat ;*
– *ou d'autres spectacles s'opposant de la même façon.*

Mise en scène

12. *Comment, si vous aviez à mettre cette fable en scène, rendriez-vous très clairement, pour le spectateur, l'acuité de l'œil du Maître ?*

LIVRE CINQUIÈME

2. LE POT DE TERRE ET LE POT DE FER

Le Pot de fer proposa
Au Pot de terre un voyage.
Celui-ci s'en excusa[1],
Disant qu'il ferait que sage[2]
De garder le coin du feu;
Car il lui fallait si peu,
Si peu, que la moindre• chose
De son débris[3] serait cause :
Il n'en reviendrait morceau.
«Pour vous, dit-il, dont la peau
Est plus dure que la mienne,
Je ne vois rien qui vous tienne[4].
– Nous vous mettrons à couvert,
Repartit le Pot de fer :
Si quelque matière dure
Vous menace d'aventure•,
Entre deux[5] je passerai,
Et du coup vous sauverai.»
Cette offre le persuade.
Pot de fer son camarade
Se met droit[6] à ses côtés.
Mes gens s'en vont à trois pieds,
Clopin-clopant comme ils peuvent,
L'un contre l'autre jetés
Au moindre hoquet[7] qu'ils treuvent*.

---

1. *s'en excusa* : le refusa.
2. *qu'il ferait que sage* : qu'il ferait raisonnablement.
3. *débris* : mise en pièces.
4. *tienne* : retienne.
5. *entre deux* : dans l'intervalle.
6. *droit* : directement.
7. *hoquet* : obstacle.

Le Pot de terre en souffre ; il n'eut pas fait cent pas
Que par son compagnon il fut mis en éclats,
   Sans qu'il eût lieu de se plaindre.

Ne nous associons qu'avecque nos égaux,
    Ou bien il nous faudra craindre
   Le destin d'un de ces Pots.

30

Édition des Fables d'Ésope *comportant, en tête de chaque fable,
les quatrains de Bensérade (XVII*[e] *s.).*

Compréhension

1. *Résumez cette fable en une phrase.*
2. *En quoi ces personnages-là se distinguent-ils des personnages habituels des fables?*
3. *«De garder le coin du feu» : quel jeu de mots percevez-vous ici?*
4. *Justifiez l'emploi du pronom «nous» (vers 13).*
5. *«Mes gens s'en vont à trois pieds» :*
– qui parle?
– pourquoi «trois pieds»?
– pourquoi, à votre avis, La Fontaine choisit-il la marche plutôt que le voyage sur l'eau, comme Ésope?
6. *Quel proverbe pourrait remplacer «ne nous associons qu'a-vecque nos égaux»?*

Écriture / Réécriture

7. *Prononcez les rimes du discours du Pot de terre puis celles de celui du Pot de fer : quelle différence voyez-vous? Précisez en quoi elle consiste.*
8. *Scandez l'un des vers de cette fable et expliquez le choix de ce mètre par La Fontaine.*
9. *L'Ecclésiastique (livre de l'Ancien Testament), que Bên Sira écrivit au IIe siècle av. J.-C., contient dans les 42 premiers chapitres une énumération de conseils illustrés d'exemples. Voici les premiers :*
«Pot de terre et Pot de fer.
Toucheur de poix y colle sa main [...].
Plus lourd que toi ne porte pas, ne t'associe pas à plus riche que
[toi.
Le vase de terre ne s'associe pas au pot de fer.
S'il le heurtait, il se briserait.»[1]
– quelles réflexions vous inspire le rapprochement de cet extrait avec le texte de La Fontaine?
– poursuivez à votre idée le texte de L'Ecclésiastique en formulant quelques conseils que vous jugez importants pour bien conduire sa vie (une dizaine).

---

1. Traduction Chouraqui.

10. *Cherchez dans la littérature ou dans toute autre forme d'art, des exemples de couples mal assortis :*
– leur association est-elle toujours un échec ? Justifiez votre réponse ;
– inspirez-vous de ces exemples pour raconter à votre tour une histoire sur le même thème : vous conclurez à votre convenance.

Mise en images

11. *Dessinez des illustrations de cette fable ou trouvez des diapositives que vous projetterez en classe pendant que le texte sera dit.*

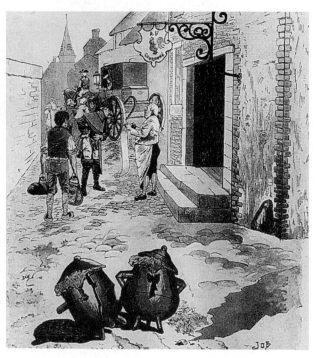

Le Pot de fer et le Pot de terre, *illustration de Job.*

9. LE LABOUREUR ET SES ENFANTS

Travaillez, prenez de la peine :
C'est le fonds[1] qui manque le moins.

Un riche Laboureur[2], sentant sa mort prochaine,
Fit venir ses Enfants, leur parla sans témoins.
5 «Gardez•-vous, leur dit-il, de vendre l'héritage
Que nous ont laissé nos parents :
Un trésor est caché dedans.
Je ne sais pas l'endroit ; mais un peu de courage
Vous le fera trouver : vous en viendrez à bout.
10 Remuez votre champ dès qu'on aura fait l'oût• :
Creusez, fouillez, bêchez ; ne laissez nulle place
Où la main ne passe et repasse.»
Le Père mort, les Fils vous• retournent le champ,
Deçà, delà, partout : si bien qu'au bout de l'an
15 Il en rapporta davantage.
D'argent, point de caché. Mais le Père fut sage•
De leur montrer, avant sa mort,
Que le travail• est un trésor.

1. *fonds* : bien.
2. *laboureur* : paysan.

Questions

Compréhension

1. *Que nous apprend La Fontaine sur le cadre, sur le laboureur, sur les enfants. Pourquoi ? Qu'en concluez-vous sur son art ?*
2. *Quand croyez-vous que les enfants auront compris la leçon ?*
3. *Sur quel mot le laboureur a-t-il joué ? À votre avis, leur a-t-il menti ?*
4. *Que pensez-vous de cette façon d'éduquer ?*

Écriture / Réécriture

5. *«C'est le fonds qui manque le moins» : composez une autre phrase avec d'autres mots pour exprimer la même idée.*
6. *Que suggère le rythme du vers 11 ? Quel autre vers lui fait écho ? Commentez précisément ce rapprochement.*

Mise en scène

7. *Inventez une autre fable qui illustre la même idée mais qui aurait pour cadre notre époque ; vous la jouerez ensuite.*

12. LES MÉDECINS

Le médecin Tant-pis allait voir un malade
Que visitait aussi son confrère Tant-mieux.
Ce dernier espérait, quoique son camarade[1]
Soutînt que le gisant• irait voir ses aïeux[2].
5 Tous deux s'étant trouvés différents pour la cure[3],
Leur malade paya le tribut à nature[4],
Après qu'en ses conseils Tant-pis eut été cru.
Ils triomphaient encor• sur cette maladie.
L'un disait : «Il est mort ; je l'avais bien prévu.
10 – S'il m'eût cru, disait l'autre, il serait plein de vie.»

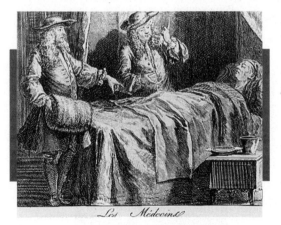

Estampe, 1821.

1. *camarade* : confrère.
2. *aïeux* : ancêtres.
3. *cure* : traitement.
4. *paya le tribut à nature* : mourut.

13. LA POULE AUX ŒUFS D'OR

L'avarice• perd tout en voulant tout gagner.
      Je ne veux, pour le témoigner,
Que celui dont la Poule, à ce que dit la fable•,
      Pondait tous les jours un œuf d'or.
5 Il crut que dans son corps elle avait un trésor.
Il la tua, l'ouvrit, et la trouva semblable
À celles dont les œufs ne lui rapportaient rien,
S'étant lui-même ôté le plus beau de son bien•.

      Belle leçon pour les gens chiches[1] !
10 Pendant ces derniers temps, combien en a-t-on vus*
Qui du soir au matin sont pauvres devenus,
      Pour vouloir trop tôt être riches !

Dessin de Sylvain Sauvage, 1934.

---

1. *chiches* : cupides.

16. LE SERPENT ET LA LIME

On conte qu'un Serpent, voisin d'un Horloger
(C'était pour l'Horloger un mauvais voisinage),
Entra dans sa boutique, et cherchant à manger,
    N'y rencontra pour tout potage[1]
5 Qu'une Lime d'acier, qu'il se mit à ronger.
Cette Lime lui dit, sans se mettre en colère :
    «Pauvre ignorant! et que prétends-tu faire?
      Tu te prends à plus dur que toi.
      Petit Serpent à tête folle,
10   Plutôt que d'emporter de moi
      Seulement le quart d'une obole•,
      Tu te romprais toutes les dents.
      Je ne crains que celles du temps.»

Ceci s'adresse à vous•, esprits du dernier ordre
15 Qui, n'étant bons à rien, cherchez sur tout à mordre.
      Vous vous tourmentez vainement.
Croyez-vous que vos dents impriment leurs outrages
      Sur tant de beaux ouvrages?
Ils sont pour vous d'airain[2], d'acier, de diamant.

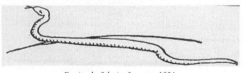

Dessin de Sylvain Sauvage, 1934.

---

1. *potage* : nourriture.
2. *airain* : bronze.

LE COCHET, LE CHAT, ET LE SOURICEAU. Fable CVIII.

Gravure de Chedel, d'après Jean-Baptiste Oudry.

LIVRE SIXIÈME

5. LE COCHET[1], LE CHAT ET LE SOURICEAU

verdizotti

Un Souriceau tout jeune, et qui n'avait rien vu,
      Fut presque pris au dépourvu[2].
Voici comme• il conta l'aventure• à sa mère :
« J'avais franchi les monts qui bornent cet État,
5   Et trottais comme un jeune rat
      Qui cherche à se donner carrière[3],
Lorsque deux animaux m'ont arrêté les yeux :
      L'un doux, bénin[4], et gracieux,
Et l'autre turbulent et plein d'inquiétude[5] ;
10   Il a la voix perçante et rude,
      Sur la tête un morceau de chair,
Une sorte de bras dont* il s'élève en l'air
      Comme pour prendre sa volée,
      La queue en panache étalée. »
15 Or, c'était un Cochet dont notre Souriceau
      Fit à sa mère le tableau,
Comme d'un animal venu de l'Amérique.
« Il se battait, dit-il, les flancs avec ses bras,
      Faisant tel bruit et tel fracas,
20 Que moi, qui, grâce aux dieux, de courage me pique•,
      En ai pris la fuite de peur,
      Le maudissant de très bon cœur.
      Sans lui j'aurais fait connaissance
Avec cet animal qui m'a semblé si doux :
25   Il est velouté[6] comme nous,

---

1. *cochet* : jeune coq.
2. *pris au dépourvu* : surpris.
3. *se donner carrière* : élargir son horizon.
4. *bénin* : gentil.
5. *inquiétude* : agitation.
6. *velouté* : soyeux comme du velours.

Marqueté[1], longue queue, une humble contenance[2],
Un modeste regard, et pourtant l'œil luisant.
　　　Je le crois fort• sympathisant
Avec Messieurs les Rats ; car il a des oreilles
30　　　　En figure[3] aux nôtres pareilles.
Je l'allais* aborder, quand d'un son plein d'éclat
　　　　L'autre m'a fait prendre la fuite.
– Mon fils, dit la Souris, ce doucet[4] est un Chat,
　　　　Qui, sous son minois[5] hypocrite,
35　　　　Contre toute ta parenté
　　　　D'un malin vouloir[6] est porté[7].
　　　　L'autre animal, tout au contraire,
　　　　Bien éloigné de nous mal faire,
Servira quelque jour peut-être à nos repas.
40 Quand au Chat, c'est sur nous qu'il fonde sa cuisine.
　　　　Garde•-toi, tant que tu vivras,
　　　　De juger des gens sur la mine•. »

Le Cerf se voyant dans l'eau, *illustration extraite d'un recueil de fables indiennes.*

1. *marqueté* : tacheté.
2. *contenance* : attitude.
3. *En figure* : par la forme.
4. *doucet* : bien gentil.
5. *son minois* : sa figure.
6. *D'un malin vouloir* : de haine.
7. *porté* : animé.

9. LE CERF SE VOYANT DANS L'EAU

Dans le cristal d'une fontaine
Un Cerf se mirant[1] autrefois
Louait la beauté de son bois[2],
Et ne pouvait qu'avecque* peine,
5   Souffrir• ses jambes de fuseaux[3],
Dont il voyait l'objet• se perdre dans les eaux.
«Quelle proportion de mes pieds à ma tête?
Disait-il en voyant leur ombre avec douleur :
Des taillis les plus hauts mon front atteint le faîte• ;
10   Mes pieds ne me font point d'honneur.»
Tout en parlant de la sorte,
Un limier[4] le fait partir.
Il tâche à[5] se garantir ;
Dans les forêts il s'emporte[6].
15   Son bois, dommageable[7] ornement,
L'arrêtant à chaque moment,
Nuit à l'office[8] que lui rendent
Ses pieds, de qui[9] ses jours dépendent.
Il se dédit[10] alors, et maudit les présents
20   Que le Ciel lui fait tous les ans.

Nous faisons cas du[11] beau, nous méprisons l'utile ;
Et le beau souvent nous détruit.
Ce Cerf blâme ses pieds, qui le rendent agile ;
Il estime un bois qui lui nuit.

---

1. *se mirant* : se contemplant.
2. *bois* : cornes.
3. *de fuseaux* : en forme de fuseaux, c'est-à-dire très minces.
4. *limier* : chien de chasse.
5. *tâche à* : essaie de.
6. *il s'emporte* : il s'enfuit.
7. *dommageable* : nuisible.
8. *à l'office* : au service.
9. *de qui* : dont.
10. *se dédit* : retire ce qu'il a dit.
11. *nous faisons cas du* : nous estimons le.

10. LE LIÈVRE ET LA TORTUE

Rien ne sert de courir ; il faut partir à point :
Le Lièvre et la Tortue en sont un témoignage[1].
«Gageons[2], dit celle-ci, que vous n'atteindrez point
Sitôt que moi ce but. – Sitôt ? Êtes-vous sage• ?
5   Repartit• l'animal léger :
       Ma commère•, il vous faut purger
       Avec quatre grains• d'ellébore[3].
       – Sage ou non, je parie encore.»
       Ainsi fut fait ; et de tous deux
10   On mit près du but les enjeux[4] :
       Savoir quoi, ce n'est pas l'affaire,
       Ni de quel juge l'on convint[5].
Notre Lièvre n'avait que quatre pas à faire,
J'entends[6] de ceux qu'il fait lorsque, prêt d*'être atteint,
15 Il s'éloigne des chiens, les renvoie aux calendes•,
       Et leur fait arpenter[7] les landes.
Ayant, dis-je, du temps de reste pour brouter,
       Pour dormir, et pour écouter
       D'où vient le vent, il laisse la Tortue
20   Aller son train de sénateur[8].

       Elle part, elle s'évertue[9],
       Elle se hâte avec lenteur.
Lui cependant• méprise une telle victoire,
       Tient• la gageure[10] à peu de gloire.
25   Croit qu'il y va de son honneur
       De partir tard. Il broute, il se repose,

---

1. *témoignage* : preuve.
2. *gageons* : parions.
3. *ellébore* : plante médicinale qui passait pour soigner la folie.
4. *enjeux* : ce que chacun allait gagner ou perdre.
5. *on convint de* : on choisit.
6. *J'entends* : je veux dire.
7. *arpenter* : parcourir en tous sens.
8. *son train de sénateur* : lentement.
9. *s'évertue* : fait des efforts.
10. *gageure* : pari.

Il s'amuse à toute autre chose
Qu'à la gageure. À la fin, quand il vit
Que l'autre touchait presque au bout de la carrière[1],
30 Il partit comme un trait ; mais les élans qu'il fit
Furent vains• : la Tortue arriva la première.
«Eh bien ! lui cria-t-elle, avais-je pas* raison ?
De quoi vous sert votre vitesse ?
Moi l'emporter ! et que serait-ce
35 Si vous portiez une maison ?»

Illustration de Jean Picart le Doux, 1961 (B. N.).

---

1. *carrière* : piste.

Compréhension

1. *Combien de vers nous décrivent la tortue ? combien le lièvre ? Qu'en concluez-vous ?*
2. *Le lièvre et la tortue, deux caractères opposés :*
– *sur quel trait de caractère du lièvre la tortue se fonde-t-elle pour lancer son défi ?*
– *quels vers montrent que la tortue voit juste ?*
– *quels sont ceux qui nous indiquent que le lièvre pourrait gagner facilement ?*
– *qu'est-ce qui fait gagner la tortue ?*
3. *Une autre moralité peut être illustrée par cette histoire : laquelle ? Trouvez une autre fable où elle soit exprimée.*

Écriture / Réécriture

4. *«L'animal léger» :*
– *donnez le nom de cette figure de style ;*
– *expliquez son double sens ;*
– *justifiez son emploi.*
5. *Montrez en scandant les vers 17 à 28, en observant la ponctuation, les césures, les rejets, les répétitions, comment La Fontaine sait varier son style en fonction de l'objet décrit.*
6. *Quelles remarques vous inspire la comparaison des vers de La Fontaine : «Savoir quoi, ce n'est pas l'affaire / Ni de quel juge l'on convint», avec le texte d'Ésope : «Mais qui de nous fixera le but, siffla la Tortue, et nous attribuera le prix de la victoire ? Alors le plus sensé des animaux, le Renard, marqua le point de départ et le point d'arrivée en même temps qu'il indiqua la longueur de la course» ?*
7. *«À la fin, quand il vit que l'autre...» :*
– *terminez l'histoire autrement ;*
– *changez ensuite les deux premiers vers de la fable : vous aurez ainsi votre conclusion.*

Mise en scène

8. *Cette fable met en scène deux animaux que tout oppose : apprenez-la et récitez-la de manière à faire ressortir l'application méthodique de la tortue et l'agitation désordonnée du lièvre.*

9. *Si vous aviez un dessin animé à réaliser, quelles seraient les indications que vous donneriez à vos dessinateurs pour que les caractères opposés des deux héros soient bien rendus? À cet égard, pensez-vous que la version réalisée par Walt Disney (si vous la connaissez) soit réussie? Justifiez votre réponse.*

Illustration de Benjamin Rabier, vers 1900.

17. LE CHIEN QUI LÂCHE SA PROIE
POUR L'OMBRE

Chacun se trompe ici-bas :
On voit courir après l'ombre
Tant de fous, qu'on n'en sait pas
La plupart du temps le nombre.
5   Au Chien dont parle Ésope• il faut les renvoyer.
Ce Chien, voyant sa proie en l'eau représentée,
La quitta pour l'image, et pensa• se noyer.
La rivière devint tout d'un coup agitée ;
À toute peine[1] il regagna les bords,
10   Et n'eut ni l'ombre ni le corps.

«Ce Chien, voyant sa proie en l'eau représentée...»

1. À *toute peine* : à grand peine.

19. LE CHARLATAN•

Le monde n'a jamais manqué de charlatans :
>   Cette science, de tout temps,
>   Fut en professeurs très fertile.
Tantôt l'un en théâtre affronte l'Achéron•,
5   Et l'autre affiche par la ville
>   Qu'il est un passe-Cicéron[1].
>   Un des derniers se vantait d'être
>   En éloquence• si grand maître•,
>   Qu'il rendrait disert[2] un badaud[3],
10   Un manant[4], un rustre•, un lourdaud ;
«Oui, Messieurs, un lourdaud, un animal, un âne :
Que l'on m'amène un âne, un âne renforcé,
>   Je le rendrai maître passé[5],
>   Et veux qu'il porte la soutane[6].»
15 Le Prince• sut la chose ; il manda[7] le Rhéteur[8].
>   «J'ai, dit-il, en mon écurie
>   Un fort• beau roussin• d'Arcadie• ;
>   J'en voudrais faire un orateur[9].
– Sire•, vous pouvez tout», reprit d'abord• notre homme.
20   On lui donna certaine somme :
>   Il devait au bout de dix ans
>   Mettre son âne sur les bancs[10] ;
Sinon, il consentait• d'être, en place publique,
Guindé la hart au col[11], étranglé court et net,
25   Ayant au dos sa rhétorique•
>   Et les oreilles d'un baudet.
Quelqu'un des courtisans lui dit qu'à la potence

---

1. *un passe-Cicéron* : un orateur supérieur à Cicéron.
2. *disert* : éloquent.
3. *badaud* : personne stupide.
4. *manant* : paysan.
5. *maître passé* : diplômé.
6. *soutane* : robe des gens instruits (médecins, prêtres, professeurs, etc.).
7. *manda* : fit venir.
8. *rhéteur* : professeur d'éloquence.
9. *orateur* : homme éloquent.
10. *mettre sur les bancs* : faire passer des examens.
11. *Guindé la hart au col* : hissé la corde au cou.

Il voulait l'aller* voir, et que, pour un pendu,
Il aurait bonne grâce[1] et beaucoup de prestance[2] ;
30 Surtout qu'il se souvînt de faire à l'assistance
Un discours où son art fût au long étendu[3],
Un discours pathétique[4], et dont le formulaire[5]
        Servît à certains Cicérons•
        Vulgairement nommés larrons•.
35   L'autre reprit : «Avant l'affaire•,
        Le Roi, l'Âne, ou moi, nous mourrons.»

        Il avait raison. C'est folie
        De compter sur dix ans de vie.
        Soyons bien buvants*, bien mangeants* :
40 Nous devons à la mort de trois l'un[6] en dix ans.

---

1. *grâce* : mine.
2. *prestance* : allure.
3. *étendu* : long.
4. *pathétique* : émouvant.
5. *formulaire* : style.
6. *de trois l'un* : un sur trois.

Compréhension

1. *Quelle est la fonction des six premiers vers ?*
2. *En dehors des six premiers et des quatre derniers vers, dites combien cette fable comporte de petites scènes et, pour chacune, précisez : le lieu, les personnages, l'action.*
3. *Quels adjectifs utiliseriez-vous pour définir les différentes attitudes du charlatan ?*
4. *Après avoir lu les trois premiers vers :*
   – à quel conseil pourrions-nous nous attendre de la part de La Fontaine ?
   – qu'en est-il à la fin de la fable ?
5. *Quel sens donnez-vous aux deux derniers vers ?*

Écriture / Réécriture

6. *Au vers 4 :*
   – quel style est ici parodié ?
   – à quelle activité du XVIIe siècle La Fontaine fait-il référence ?
   – et vous, à quelle scène ces vers vous font-ils penser ?
7. *Du vers 7 au vers 14 :*
   – observez la ponctuation, le mode et le temps des verbes : quels sont les styles successivement utilisés ?
   – comment La Fontaine passe-t-il habilement de l'un à l'autre ?
8. *Récrivez le discours du courtisan au style direct (vers 27 à 34).*

Mise en scène

9. *Relisez ce texte en vous plaçant du point de vue du responsable de la musique et des bruitages, et dites comment vous accompagneriez les différents moments de cette fable.*

ÉPILOGUE

Bornons[•] ici cette carrière[1] :
Les longs ouvrages me font peur.
Loin d'épuiser une matière,
On n'en doit prendre que la fleur.
5   Il s'en va temps[2] que je reprenne
Un peu de forces et d'haleine
Pour fournir à[3] d'autres projets.
Amour[•], ce tyran de ma vie,
Veut que je change de sujets :
10   Il faut contenter son envie.
Retournons à Psyché[4]. Damon[5], vous m'exhortez[6]
À peindre ses malheurs et ses félicités[7] :
J'y consens[•] ; peut-être ma veine[8]
En sa faveur s'échauffera.
15 Heureux si ce travail[•] est la dernière peine
Que son époux me causera !

---

1. *carrière* : projet.
2. *Il s'en va temps* : il est temps.
3. *fournir à* : réaliser.
4. *Psyché* : nom d'un «roman» en prose mêlée de vers qui raconte la passion entre Amour et Psyché, et que La Fontaine avait commencé avant de publier son premier recueil de fables.
5. *Damon* : nom de fantaisie d'une personne à laquelle La Fontaine s'adresse ; ici, peut-être son ami Maucroix.
6. *exhortez* : encouragez.
7. *félicités* : joies.
8. *veine* : imagination.

Bilan

1. Quels sont les différents dédicataires* des fables ? Comparez avec les dédicataires d'œuvres contemporaines. Commentez.

2. Relevez, dans les préfaces, épilogues, dédicaces et fables, les passages où La Fontaine exprime ses intentions en écrivant les fables. Faites-en un montage (oral ou écrit), après les avoir si possible appris par cœur.

3. Relevez les morales ou moralités qui vous paraissent encore justes aujourd'hui, et présentez-les d'une façon originale, oralement ou par écrit.

4. À propos de l'Épilogue, page 98 : quelles raisons La Fontaine nous donne-t-il de l'interruption de ses fables après les 6 premiers livres ?

5. Choisissez un animal qui vous intéresse particulièrement et réalisez un dossier composé :
– des vers où La Fontaine le décrit ;
– de proverbes où il est cité ;
– de textes littéraires français ou étrangers où il est décrit ;
– de sa description faite par des naturalistes ;
– de textes mythologiques ou religieux qui le présentent d'une manière symbolique.

Vous illustrerez votre dossier par des photos, dessins ou collages. Vous ferez une introduction générale et une introduction courte pour chaque chapitre. Vous exprimerez, dans une conclusion, les réflexions que vous inspire le rapprochement de tous ces textes. Vous n'oublierez pas la table des matières.

JEAN de LA FONTAINE

Né à Château Thierry   Mort à Paris
1621   1695

Jean de La Fontaine, gravure de F. Delannoy, d'après un dessin d'A. Sandoz,
fait d'après une peinture de H. Rigaud (coll. Hachette).

AVERTISSEMENT DU SECOND RECUEIL

Voici un second recueil de fables que je présente au
public. J'ai jugé à propos de donner à la plupart de
celles-ci un air et un tour un peu différent de celui que
j'ai donné aux premières, tant à cause de la différence
des sujets que pour remplir de plus de variété mon
ouvrage. Les traits familiers que j'ai semés avec assez
d'abondance dans les deux autres parties[1] convenaient
bien mieux aux inventions d'Ésope• qu'à ces dernières,
où j'en use plus sobrement pour ne pas tomber en des
répétitions ; car le nombre de ces traits n'est pas infini.
Il a donc fallu que j'aie cherché d'autres enrichisse-
ments, et étendu davantage les circonstances de ces
récits, qui d'ailleurs me semblaient le demander de la
sorte : pour peu que le lecteur y prenne garde, il le
reconnaîtra lui-même ; ainsi je ne tiens• pas qu'il soit
nécessaire d'en étaler ici les raisons, non plus que de
dire où j'ai puisé ces derniers sujets. Seulement je dirai,
par reconnaissance, que j'en dois la plus grande partie à
Pilpay[2], sage• Indien. Son livre a été traduit en toutes les
langues. Les gens du pays le croient fort• ancien et original[3] à l'égard d'[4]Ésope, si ce n'est Ésope lui-même sous
le nom du sage• Locman[5]. Quelques autres m'ont fourni
des sujets assez heureux. Enfin j'ai tâché de mettre en
ces deux dernières parties toute la diversité dont j'étais
capable.

1. *les deux autres parties* : le recueil de 1668 était divisé en deux parties : livres I à
III et livres IV à VI.
2. *Pilpay ou Bidpaï* : philosophe indien qui aurait vécu au IVe siècle av. J.-C. La
traduction de son ouvrage *Le Livre des Lumières ou la Conduite des Rois* avait été
publiée à Paris en 1644.
3. *original* : source première.
4. *à l'égard de* : pour.
5. *Locman* : selon le Coran, auteur d'une version arabe des *Fables* d'Ésope.

À MADAME DE MONTESPAN•

L'apologue•est un don qui vient des Immortels[1] ;
     Ou si c'est un présent des hommes,
Quiconque nous l'a fait mérite des autels :
Nous devons, tous tant que nous sommes,
5   Ériger[2] en divinité
Le Sage• par qui fut ce bel art inventé.
C'est proprement un charme[3] : il rend l'âme attentive,
     Ou plutôt il la tient captive,
     Nous attachant à des récits
10 Qui mènent à son gré• les cœurs et les esprits•.
Ô vous qui l'imitez, Olympe[4], si ma Muse
A quelquefois pris place à la table des dieux,
Sur ses dons aujourd'hui daignez porter les yeux ;
Favorisez les jeux où* mon esprit s'amuse[5].
15 Le temps, qui détruit tout, respectant votre appui,
Me laissera franchir les ans dans cet ouvrage :
Tout auteur qui voudra vivre encore après lui[6]
     Doit s'acquérir votre suffrage[7].
C'est de vous que mes vers attendent tout leur prix :
20   Il n'est beauté dans nos écrits
Dont vous ne connaissiez jusques aux moindres traces.
Eh ! qui connaît que* vous les beautés et les grâces ?
Paroles et regards, tout est charme dans vous.
     Ma Muse, en un sujet si doux,
25   Voudrait s'étendre davantage ;
Mais il faut réserver à d'autres cet emploi ;
     Et d'un plus grand maître que moi
     Votre louange est le partage.
Olympe, c'est assez qu'à mon dernier ouvrage

---

1. *Immortels* : des dieux.
2. *Ériger* : transformer.
3. *charme* : sortilège.
4. *Olympe* : nom de fantaisie de la personne à laquelle La Fontaine s'adresse ; ici, Madame de Montespan.
5. *s'amuse* : s'applique.
6. *lui* : lui-même, l'auteur.
7. *suffrage* : faveur, approbation.

30 Votre nom serve un jour de rempart et d'abri;
Protégez désormais le livre favori[1]
Par qui* j'ose espérer une seconde vie;
    Sous vos seuls auspices[2], ces vers
    Seront jugés, malgré l'envie,
35   Dignes des yeux de l'univers.
Je ne mérite pas une faveur si grande;
    La fable• en son nom[3] la demande :
Vous savez quel crédit ce mensonge[4] a sur nous.
S'il procure à mes vers le bonheur de vous plaire,
40 Je croirai lui devoir un temple pour salaire[5] :
Mais je ne veux bâtir des temples que pour vous.

Françoise Athénaïs de Rochechouart, marquise de Montespan (1641-1707), gravure d'Édelinck, d'après une peinture d'Antoine Benoist (Paris, B. N., Estampes).

1. *favori* : qui jouit de votre faveur ou bienveillance.
2. *vos seuls auspices* : votre seule protection.
3. *en son nom* : pour elle-même.
4. *mensonge* : fiction poétique.
5. *salaire* : récompense.

LIVRE SEPTIÈME

1. LES ANIMAUX MALADES DE LA PESTE

       Un mal qui répand la terreur,
       Mal que le Ciel en sa fureur
Inventa pour punir les crimes de la terre,
La peste (puisqu'il faut l'appeler par son nom),
5 Capable d'enrichir en un jour l'Achéron•,
       Faisait aux animaux la guerre.
Ils ne mouraient pas tous, mais tous étaient frappés :
       On n'en voyait point d'occupés
À chercher le soutien d'une mourante vie ;
10   Nul mets• n'excitait leur envie ;
       Ni loups ni renards n'épiaient
       La douce et l'innocente proie ;
       Les tourterelles se fuyaient :
       Plus d'amour, partant[1] plus de joie.

15 Le Lion tint conseil, et dit : «Mes chers amis,
       Je crois que le Ciel a permis
       Pour nos péchés cette infortune[2].
       Que le plus coupable de nous
Se sacrifie aux traits[3] du céleste courroux[4] ;
20 Peut-être il obtiendra la guérison commune.
L'histoire nous apprend qu'en de tels accidents[5]
       On fait de pareils dévouements•.
Ne nous flattons[6] donc point ; voyons sans indulgence
       L'état de notre conscience.
25 Pour moi, satisfaisant mes appétits gloutons,

---

1. *partant* : donc.
2. *infortune* : malheur.
3. *traits* : flèches ; ici, punitions.
4. *courroux* : colère.
5. *accidents* : catastrophes.
6. *Ne nous flattons point* : ne soyons pas indulgents envers nous.

J'ai dévoré force• moutons.
Que m'avaient-ils fait ? Nulle offense ;
Même il m'est arrivé quelquefois de manger
Le berger.
30 Je me dévouerai• donc, s'il le faut : mais je pense
Qu'il est bon que chacun s'accuse ainsi que moi :
Car on doit souhaiter, selon toute justice,
Que le plus coupable périsse.
– Sire•, dit le Renard, vous êtes trop bon roi ;
35 Vos scrupules font voir trop de délicatesse.
Eh bien ! manger moutons, canaille[1], sotte espèce,
Est-ce un péché ? Non, non. Vous leur fîtes, Seigneur,
En les croquant, beaucoup d'honneur ;
Et quant au berger, l'on peut dire
40 Qu'il était digne de tous maux•,
Étant de ces gens-là qui sur les animaux
Se font un chimérique empire[2]. »
Ainsi dit le Renard ; et flatteurs d'applaudir.
On n'osa trop approfondir
45 Du Tigre, ni de l'Ours, ni des autres puissances[3],
Les moins pardonnables offenses.
Tous les gens querelleurs, jusqu'aux simples mâtins•,
Au dire de chacun, étaient de petits saints.
L'Âne vint à son tour, et dit : « J'ai souvenance[4]
50 Qu'en un pré de moines passant,
La faim, l'occasion, l'herbe tendre, et, je pense,
Quelque diable aussi me poussant,
Je tondis de ce pré la largeur de ma langue.
Je n'en avais nul droit, puisqu'il faut parler net. »
55 À ces mots on cria haro• sur le Baudet.
Un Loup, quelque peu clerc[5], prouva par sa harangue•
Qu'il fallait dévouer ce maudit animal,
Ce pelé, ce galeux, d'où venait tout leur mal.

---

1. *canaille* : populace.
2. *Se font un chimérique empire* : s'imaginent avoir un pouvoir.
3. *puissances* : animaux puissants.
4. *souvenance* : le souvenir.
5. *clerc* : savant.

Sa peccadille[1] fut jugée un cas pendable[2].
60   Manger l'herbe d'autrui! quel crime abominable!
       Rien que la mort n'était capable
D'expier[3] son forfait[4] : on le lui fit bien voir.

Selon que vous• serez puissant ou misérable,
Les jugements de cour vous rendront blanc ou noir.

Illustration de Benjamin Rabier, 1906.

---

1. *peccadille* : petite bêtise.
2. *pendable* : digne de la pendaison.
3. *expier* : racheter.
4. *forfait* : crime.

Questions

Compréhension

1. À partir de quel vers et de quel mot prenons-nous conscience que nous avons affaire à une fable ?

2. Vers 11 à 14 : quels sont les animaux choisis ? pourquoi ?

3. Quels animaux prennent successivement la parole ? Quels hommes représentent-ils ?

4. Le discours du lion (vers 15 à 33) :
– que propose exactement le lion (vers 18 à 22) ? Quel but poursuit-il ouvertement en tenant un tel discours ?
– n'en a-t-il pas un autre, caché celui-là ?
– qu'est-ce qui le prouve ?
– vers 22 : citez des exemples historiques et légendaires de dévouements.

5. La « confession » du renard :
– en quoi consiste-t-elle exactement ?
– quels traits de caractère révèle-t-elle (vers 34 à 42) ?

6. Vers 43 à 48 : pourquoi La Fontaine passe-t-il rapidement sur les autres confessions ?

7. Quelle « faute » l'âne confesse-t-il ? Est-elle de même nature et de même gravité que celle du lion ?

8. Comment comprenez-vous « prouva par sa harangue » ?

9. Quels commentaires vous inspire le rapprochement dans un même vers (59) de « peccadille » et « cas pendable » ?

10. Quel est le sens de « blanc ou noir » (vers 64) ?

11. Quelle est la critique formulée ici par La Fontaine ? Connaissez-vous d'autres textes qui expriment la même idée ?

Écriture / Réécriture

12. La première phrase :
– à quel vers finit-elle ? Quel en est le mot essentiel ? Où se situe-t-il ? Qu'en concluez-vous ?
– réduisez cette première phrase à sa forme minimale (sujet + verbe + compléments essentiels) ; relevez les éléments que vous avez ôtés : qu'ajoutaient-ils ?

13. Trouvez dans le discours de l'âne (ton, choix et place des mots) ce qui en fait une véritable confession.

14. Avez-vous déjà été victime d'une injustice s'expliquant par les mêmes raisons ? Racontez-la et faites un commentaire personnel

dans un paragraphe détaché en fin de récit. Sinon, faites le même travail à partir d'un fait dont vous avez eu connaissance par les médias.

Mise en scène

15. Découpez cette fable en plusieurs tableaux, en réfléchissant pour chacun à l'effet que vous voulez produire, et dites quelles attitudes, quelles voix, quels tons vous adopteriez pour chaque personnage.

4. LE HÉRON

5. LA FILLE

Un jour, sur ses longs pieds, allait je ne sais où,
Le Héron au long bec emmanché d'un long cou.
      Il côtoyait une rivière.
L'onde était transparente ainsi qu'aux plus beaux jours;
5 Ma commère* la Carpe y faisait mille tours
      Avec le Brochet son compère*.
Le Héron en eût fait aisément son profit :
Tous approchaient du bord; l'Oiseau n'avait qu'à
                         [prendre.
      Mais il crut mieux faire d'attendre
10   Qu'il eût un peu plus d'appétit :
Il vivait de régime[1], et mangeait à ses heures.
Après quelques moments, l'appétit vint : l'Oiseau,
      S'approchant du bord, vit sur l'eau
Des tanches qui sortaient du fond de ces demeures.
15 Le mets* ne lui plut pas; il s'attendait à mieux,
      Et montrait un goût dédaigneux,
      Comme le Rat du bon Horace*.
« Moi, des tanches! dit-il, moi, Héron, que je fasse
Une si pauvre chère*? Et pour qui me prend-on? »
20 La tanche rebutée[2], il trouva du goujon.
« Du goujon! c'est bien là le dîner d'un Héron!
J'ouvrirais pour si peu le bec! aux Dieux ne plaise! »
Il l'ouvrit pour bien moins : tout alla de façon
      Qu'il ne vit plus aucun poisson.
25 La faim le prit : il fut tout heureux et tout aise
      De rencontrer un limaçon.

      Ne soyons pas si difficiles :
Les plus accommodants[3], ce sont les plus habiles;

---

1. *de régime* : en suivant des règles strictes.
2. *rebutée* : refusée.
3. *accommodants* : arrangeants.

On hasarde de perdre en voulant trop gagner.
30   Gardez•-vous• de rien dédaigner,
Surtout quand vous avez à peu près votre compte.
Bien des gens y sont pris. Ce n'est pas aux hérons
Que je parle ; écoutez, humains, un autre conte• :
Vous verrez que chez vous j'ai puisé ces leçons.

35   Certaine Fille, un peu trop fière,
          Prétendait• trouver un mari
Jeune, bien fait et beau, d'agréable manière[1],
Point froid et point jaloux : notez ces deux points•-ci.
          Cette Fille voulait aussi
40   Qu'il eût du bien•, de la naissance[2],
De l'esprit, enfin• tout. Mais qui peut tout avoir ?
Le Destin se montra soigneux[3] de la pourvoir• :
          Il vint des partis[4] d'importance.
La belle les trouva trop chétifs• de moitié :
45 «Quoi ? moi ! quoi ? ces gens-là ! l'on radote, je pense.
À moi les proposer ! hélas ! ils font pitié :
          Voyez un peu la belle espèce ! »
L'un n'avait en l'esprit nulle délicatesse ;
L'autre avait le nez fait de cette façon-là :
50   C'était ceci, c'était cela ;
          C'était tout, car les précieuses[5]
          Font dessus tout[6] les dédaigneuses.
Après les bons partis, les médiocres[7] gens
          Vinrent se mettre sur les rangs.
55 Elle de se moquer. «Ah ! vraiment je suis bonne
De leur ouvrir la porte ! Ils pensent que je suis
          Fort en peine de ma personne :
          Grâce à Dieu, je passe les nuits
          Sans chagrin, quoique en solitude. »

---

1. *d'agréable manière* : avec de bonnes manières.
2. *naissance* : noblesse.
3. *soigneux de* : attentif à, soucieux de.
4. *partis* : prétendants.
5. *précieuses* : coquettes.
6. *dessus tout* : sur tout.
7. *médiocres* : de condition moyenne.

60 La belle se sut gré de[1] tous ces sentiments ;
L'âge la fit déchoir[2] : adieu tous les amants•.
Un an se passe, et deux, avec inquiétude ;
Le chagrin[3] vient ensuite ; elle sent chaque jour
Déloger quelques Ris•, quelques Jeux, puis l'Amour ;
65   Puis ses traits choquer et déplaire ;
Puis cent sortes de fards. Ses soins• ne purent faire
Qu'elle échappât au temps, cet insigne• larron•.
          Les ruines d'une maison
Se peuvent réparer : que n'est[4] cet avantage
70   Pour les ruines du visage ?
Sa préciosité changea lors[5] de langage.
Son miroir lui disait : « Prenez vite un mari. »
Je ne sais quel désir le lui disait aussi :
Le désir peut loger chez une précieuse.
75 Celle-ci fit un choix qu'on n'aurait jamais cru,
Se trouvant à la fin tout aise et tout heureuse
          De rencontrer un malotru[6].

LA FAIM LE PRIT : IL FUT
TOUT HEUREUX ET TOUT AISE
DE RENCONTRER
UN LIMAÇON.

Illustration de Félix Lorioux, 1929.

---

1. *se sut gré de* : se félicita de.
2. *déchoir* : tomber de son piédestal.
3. *chagrin* : mauvaise humeur.
4. *que n'est ?* : pourquoi n'y a-t-il pas ?
5. *lors* : alors.
6. *malotru* : homme laid et sans fortune.

Questions

Compréhension

1. Qu'est-ce que La Fontaine nous dit du décor ? pourquoi ?
2. Quels sont les traits de caractère du héron ? Relevez pour chacun les vers où ils apparaissent.
3. Quelles sont les proies successives qui s'offrent au héron ? Dans quel ordre se présentent-elles ?
4. Pourquoi le vers 26 nous fait-il sourire ?

Écriture / Réécriture

5. Quel effet produit la répétition de l'adjectif «long» aux vers 1 et 2 ?
6. Lisez le vers 10 à voix haute : qu'a-t-il de particulier ? Quel effet produit-il ?
7. Scandez les vers 18 à 22 : où sont les coupes ? Quels sont les signes de ponctuation utilisés ? pourquoi ?
8. Quels sont les modes et les temps utilisés dans les vers 27 à 31 ? À quelles personnes les verbes sont-ils employés ? Pourquoi ?
9. Utilisez les mots «appétit» et «faim» dans deux phrases qui montrent clairement leur différence de sens.
10. «Un jour ... compère» : en 6 vers, 48 mots, La Fontaine nous rend présents le héros et le cadre en ne nous disant que l'essentiel, c'est-à-dire ce qui va servir à l'action :
– à votre tour, et avec à peu près le même nombre de mots (de 46 à 50), faites-nous voir la silhouette d'un animal ou d'un personnage évoluant dans un cadre précis ;
– puis vous justifierez le choix que vous avez fait des caractéristiques du personnage et du cadre en expliquant leur importance pour la suite des événements.
11. «Les plus accommodants, ce sont les plus habiles» : en gardant ce jugement ou en formulant le jugement inverse, imaginez une histoire qui illustre l'un ou l'autre (vous respecterez scrupuleusement le plan de la fable : présentation du personnage, de la situation, propositions successives, commentaires).

Mise en scène

12. Vous avez une caméra et vous devez filmer des images qui viendront illustrer le texte de La Fontaine. Avant de partir filmer, vous réfléchissez aux différents plans que vous allez faire. Notez ces plans et le numéro des vers en face.

9. LE COCHE[1] ET LA MOUCHE

Dans un chemin montant, sablonneux, malaisé,
Et de tous les côtés au soleil exposé,
      Six forts chevaux tiraient un coche.
Femmes, moine, vieillards, tout était descendu ;
5 L'attelage suait, soufflait, était rendu[2].
Une Mouche survient, et des chevaux s'approche,
Prétend[3] les animer par son bourdonnement,
Pique l'un, pique l'autre, et pense à tout moment
      Qu'elle fait aller la machine,
10 S'assied sur le timon[4], sur le nez du cocher.
      Aussitôt que le char chemine,
      Et qu'elle voit les gens marcher,
Elle s'en attribue uniquement la gloire,
Va, vient, fait l'empressée : il semble que ce soit
15 Un sergent de bataille allant en chaque endroit
Faire avancer ses gens et hâter la victoire.
      La Mouche, en ce commun besoin[5],
Se plaint qu'elle agit seule, et qu'elle a tout le soin• ;
Qu'aucun n'aide aux chevaux à se tirer d'affaire.
20   Le moine disait son bréviaire[6] ;
Il prenait bien son temps[7] ! Une femme chantait :
C'était bien de chansons qu'alors il s'agissait !
Dame• Mouche s'en va chanter à leurs oreilles,
      Et fait cent sottises pareilles.
25 Après bien du travail•, le Coche arrive au haut :
« Respirons maintenant ! dit la Mouche aussitôt :
J'ai tant fait que nos gens sont enfin• dans la plaine[8].
Çà•, Messieurs les Chevaux, payez-moi de ma peine. »

---

1. *coche* : grand carrosse utilisé pour les transports en commun.
2. *rendu* : épuisé.
3. *prétend* : compte bien.
4. *timon* : bois auquel sont attelés les chevaux.
5. *besoin* : embarras.
6. *bréviaire* : livre des prières du jour.
7. *il prenait bien son temps* : il choisissait bien son moment.
8. *dans la plaine* : en terrain plat.

Ainsi certaines gens, faisant les empressés,
30   S'introduisent dans les affaires• :
   Ils font partout les nécessaires,
Et, partout importuns, devraient être chassés.

LE COCHE ET LA MOUCHE . Fable CXXXIII.

Gravure de Gaillard, d'après un dessin de Jean-Baptiste Oudry.

10. LA LAITIÈRE ET LE POT AU LAIT

Perrette, sur sa tête ayant un pot au lait
            Bien posé sur un coussinet,
            Prétendait• arriver sans encombre[1] à la ville.
            Légère et court vêtue, elle allait à grands pas,
5   Ayant mis ce jour-là, pour être plus agile,
            Cotillon simple[2] et souliers plats.
            Notre laitière ainsi troussée[3]
            Comptait déjà dans sa pensée
Tout le prix de son lait, en employait l'argent ;
10 Achetait un cent[4] d'œufs, faisait triple couvée[5] :
La chose allait à bien par son soin• diligent[6].
            « Il m'est, disait-elle, facile
D'élever des poulets autour de ma maison ;
            Le renard sera bien habile
15 S'il ne m'en laisse assez pour avoir un cochon.
Le porc à s'engraisser coûtera peu de son ;
Il était, quand je l'eus, de grosseur raisonnable :
J'aurai, le revendant, de l'argent bel et bon.
Et qui* m'empêchera de mettre en notre étable,
20 Vu le prix dont* il est, une vache et son veau,
Que je verrai sauter au milieu du troupeau ? »
Perrette là-dessus saute aussi, transportée[7] :
Le lait tombe ; adieu veau, vache, cochon, couvée.
La dame• de ces biens, quittant d'un œil marri[8]
25   Sa fortune ainsi répandue,
            Va s'excuser à son mari,
            En grand danger d'être battue.
            Le récit en farce en fut fait[9] ;

---

1. *sans encombre* : sans difficulté.
2. *cotillon simple* : un seul petit jupon.
3. *troussée* : habillée.
4. *un cent* : une centaine.
5. *faisait triple couvée* : faisait couver trois poules à la fois.
6. *soin diligent* : grande attention.
7. *transportée* : enthousiasmée.
8. *marri* : déçu.
9. *en farce fut fait* : fut tourné en farce.

On l'appela *le Pot au lait.*

30   Quel esprit ne bat la campagne[1] ?
      Qui ne fait châteaux en Espagne ?
Picrochole•, Pyrrhus•, la Laitière, enfin• tous,
      Autant les sages• que les fous.
Chacun songe en veillant[2] ; il n'est rien de plus doux :
35 Une flatteuse[3] erreur• emporte alors nos âmes ;
      Tout le bien• du monde est à nous,
      Tous les honneurs, toutes les femmes.
Quand je suis seul, je fais au plus brave un défi ;
Je m'écarte[4], je vais détrôner le Sophi[5] ;
40   On m'élit roi, mon peuple m'aime ;
Les diadèmes vont sur ma tête pleuvant :
Quelque accident fait-il que je rentre en moi-même,
      Je suis gros Jean[6] comme devant[7].

Illustration de Chauveau (B. N.).

1. *bat la campagne* : rêve.
2. *songe en veillant* : rêve tout éveillé.
3. *flatteuse* : trompeuse.
4. *Je m'écarte* : je m'égare.
5. *Sophi* : roi de Perse.
6. *gros Jean* : surnom d'un paysan stupide.
7. *devant* : auparavant.

16. LE CHAT, LA BELETTE
ET LE PETIT LAPIN

Du palais d'un jeune Lapin
Dame* Belette, un beau matin,
S'empara : c'est une rusée.
Le maître* étant absent, ce lui fut chose aisée.
5   Elle porta chez lui ses pénates*, un jour
Qu'il était allé faire à l'Aurore sa cour
Parmi le thym et la rosée.
Après qu'il eut brouté, trotté, fait tous ses tours,
Janot Lapin retourne aux souterrains séjours.
10   La Belette avait mis le nez à la fenêtre.
«Ô Dieux hospitaliers! que vois-je ici paraître?
Dit l'animal chassé du paternel logis.
Ô là, Madame la Belette,
Que l'on déloge sans trompette[1],
15   Ou je vais avertir tous les Rats du pays.»
La dame au nez pointu répondit que la terre
Était au premier occupant.
C'était un beau sujet de guerre,
Qu'un logis où lui-même il n'entrait qu'en rampant.
20   «Et quand ce serait un royaume,
Je voudrais bien savoir*, dit-elle, quelle loi
En a pour toujours fait l'octroi[2]
À Jean, fils ou neveu de Pierre ou de Guillaume,
Plutôt qu'à Paul, plutôt qu'à moi.»
25   Jean Lapin allégua* la coutume et l'usage[3] :
«Ce sont, dit-il, leurs lois qui m'ont de ce logis
Rendu maître et seigneur, et qui, de père en fils,
L'ont de Pierre à Simon, puis à moi Jean, transmis.
Le premier occupant, est-ce une loi plus sage*?
30   – Or bien, sans crier davantage,
Rapportons-nous[4], dit-elle, à Raminagrobis*.»

---

1. *sans trompette* : rapidement et sans faire de bruit.
2. *a fait l'octroi* : a donné.
3. *la coutume et l'usage* : ce qui se fait habituellement.
4. *Rapportons-nous à* : prenons pour arbitre.

C'était un Chat vivant comme un dévot• ermite•,
      Un Chat faisant la chattemite[1],
Un saint homme de Chat, bien fourré, gros et gras,
35   Arbitre expert sur tous les cas.
      Jean Lapin pour juge l'agrée[2].
      Les voilà tous deux arrivés
      Devant sa majesté fourrée.
Grippeminaud• leur dit : « Mes enfants, approchez,
40 Approchez, je suis sourd, les ans en sont la cause. »
L'un et l'autre approcha, ne craignant nulle chose.
Aussitôt qu'à portée il vit les contestants,
      Grippeminaud, le bon apôtre[3],
Jetant des deux côtés la griffe en même temps,
45 Mit les plaideurs d'accord en croquant l'un et l'autre.

Ceci ressemble fort• aux débats qu'ont parfois
Les petits souverains se rapportants* aux rois.

Illustration de Grandville.

---

1. *chattemite* : hypocrite.
2. *l'agrée* : l'accepte.
3. *le bon apôtre* : l'hypocrite.

Le Savetier et le Financier, *mise en scène Écla théâtre, Paris, 1992.*

LIVRE HUITIÈME

2. LE SAVETIER[1] ET LE FINANCIER

Un Savetier chantait du matin jusqu'au soir ;
      C'était merveilles• de le voir,
Merveilles de l'ouïr ; il faisait des passages[2],
      Plus content qu'aucun des sept• Sages.
5 Son voisin, au contraire, étant tout cousu• d'or,
      Chantait peu, dormait moins encor• ;
      C'était un homme de finance.
Si, sur le point du jour, parfois il sommeillait,
Le Savetier alors en chantant l'éveillait ;
10   Et le Financier se plaignait
      Que les soins• de la Providence
N'eussent pas au marché fait vendre le dormir,
      Comme le manger et le boire.
      En son hôtel[3] il fait venir
15 Le chanteur, et lui dit : « Or çà•, sire• Grégoire,
Que gagnez-vous par an ? – Par an ? Ma foi, Monsieur,
      Dit, avec un ton de rieur,
Le gaillard• Savetier, ce n'est point ma manière
De compter de la sorte ; et je n'entasse guère
20   Un jour sur l'autre[4] : il suffit qu'à la fin
      J'attrape le bout de l'année[5] ;
      Chaque jour amène son pain.
– Eh bien, que gagnez-vous, dites-moi, par journée ?
– Tantôt plus, tantôt moins : le mal est que toujours
25 (Et sans cela nos gains seraient assez honnêtes[6]),
Le mal est que dans l'an s'entremêlent des jours

---

1. *savetier* : cordonnier.
2. *passages* : roulades que l'on chante entre deux airs.
3. *hôtel* : maison très luxueuse.
4. *un jour sur l'autre* : d'un jour à l'autre.
5. *j'attrape le bout de l'année* : j'arrive à joindre les deux bouts.
6. *honnêtes* : convenables.

Qu'il faut chômer; on nous ruine en fêtes;
L'une fait tort à l'autre; et Monsieur le curé
De quelque nouveau• saint charge toujours son prône[1]. »
30 Le Financier, riant de sa naïveté[2],
Lui dit : « Je vous veux* mettre aujourd'hui sur le trône.
Prenez ces cent écus[3]; gardez-les avec soin•,
          Pour vous en servir au besoin. »
Le Savetier crut voir tout l'argent que la terre
35   Avait, depuis plus de cent ans,
          Produit pour l'usage des gens.
Il retourne chez lui; dans sa cave il enserre[4]
          L'argent, et sa joie à la fois.
          Plus de chant : il perdit la voix,
40 Du moment qu'[5]il gagna ce qui cause nos peines.
          Le sommeil quitta son logis;
          Il eut pour hôtes• les soucis,
          Les soupçons, les alarmes vaines•;
Tout le jour, il avait l'œil au guet; et la nuit,
45   Si quelque chat faisait du bruit,
Le chat prenait l'argent. À la fin le pauvre homme
S'en courut* chez celui qu'il ne réveillait plus :
« Rendez-moi, lui dit-il, mes chansons et mon somme,
          Et reprenez vos cent écus. »

1. *prône* : sermon.
2. *naïveté* : franchise.
3. *cent écus* : environ 17 000 F en 1992.
4. *enserre* : range précieusement.
5. *du moment que* : à partir du moment où.

4. LE POUVOIR DES FABLES

À Monsieur de Barillon

[...]¹
Dans Athène•* autrefois, peuple vain• et léger,
Un Orateur, voyant sa patrie en danger,
Courut à la tribune ; et d'un art tyrannique,
Voulant forcer les cœurs dans une république•,
Il parla fortement sur le commun salut².
On ne l'écoutait pas. L'Orateur recourut
    À ces figures• violentes
Qui savent exciter les âmes les plus lentes³ :
Il fit parler les morts⁴, tonna⁵, dit ce qu'il put.
Le vent emporta tout, personne ne s'émut ;
    L'animal aux têtes frivoles⁶,
Étant fait⁷ à ces traits•, ne daignait l'écouter ;
Tous regardaient ailleurs ; il en vit s'arrêter
À des combats d'enfants, et point à ses paroles.
Que fit le harangueur• ? Il prit un autre tour⁸.
« Cérès•, commença-t-il, faisait voyage un jour
    Avec l'Anguille et l'Hirondelle ;
Un fleuve les arrête ; et l'Anguille en nageant,
    Comme l'Hirondelle en volant,
Le traversa bientôt. » L'assemblée à l'instant
Cria tout d'une voix : « Et Cérès, que fit-elle ? »

---

1. La fable proprement dite est précédée de 33 vers adressés en hommage au
dédicataire, ambassadeur en Angleterre et grand ami de Mme de Sévigné.
2. *le commun salut* : les moyens de sauver toute la communauté, toute la cité.
3. *les plus lentes* : les plus difficiles à émouvoir.
4. *Il fit parler les morts* : il utilisa la figure• de style appelée *prosopopée*, qui consiste
à faire parler les êtres inanimés ou morts.
5. *tonna* : s'indigna avec des éclats comparables à ceux du tonnerre.
6. *L'animal aux têtes frivoles* : cette formule désigne le peuple, jugé trop insouciant.
7. *Étant fait* : étant habitué.
8. *tour* : façon de s'exprimer.

55   – Ce qu'elle fit ? Un prompt[1] courroux[2]
        L'anima d'abord• contre vous.
    Quoi ? de contes d'enfants son[3] peuple s'embarrasse !
        Et du péril qui le menace
    Lui seul entre les Grecs il néglige l'effet[4] !
60 Que ne demandez-vous ce que Philippe• fait » ?
        À ce reproche l'assemblée,
        Par l'apologue• réveillée,
        Se donne entière à l'Orateur :
        Un trait• de fable• en eut l'honneur.

65 Nous sommes tous d'Athène en ce point•, et moi-même,
    Au moment que je fais cette moralité,
        Si *Peau d'âne*[5] m'était conté,
        J'y prendrais un plaisir extrême.
    Le monde est vieux, dit-on : je le crois ; cependant•
70 Il le faut amuser encor• comme un enfant.

---

1. *prompt* : rapide.
2. *courroux* : colère.
3. *son* : en fait, Athènes était la ville d'Athéna, et non de Cérès qui était célébrée à
Éleusis (au nord-ouest d'Athènes).
4. *l'effet* : la réalité.
5. *Peau d'Âne* : on ne sait s'il s'agit du conte que Perrault ne fit paraître qu'en 1694,
donc après le second recueil des *Fables* de La Fontaine, ou d'une autre version
littéraire, ou, tout simplement, de la tradition orale qui en est à l'origine ; en tout cas,
aucun conte n'était alors plus populaire auprès des enfants.

11. LES DEUX AMIS

Deux vrais Amis vivaient au Monomotapa• :
L'un ne possédait rien qui n'appartînt à l'autre.
     Les amis de ce pays-là
     Valent bien, dit-on, ceux du nôtre.
5 Une nuit que chacun s'occupait au sommeil,
Et mettait à profit l'absence du soleil,
Un de nos deux Amis sort du lit en alarme ;
Il court chez son intime, éveille les valets :
Morphée• avait touché le seuil de ce palais.
10 L'Ami couché s'étonne ; il prend sa bourse, il s'arme,
Vient trouver l'autre, et dit : « Il vous arrive peu
De courir quand on dort ; vous me paraissiez l'homme
À mieux user du temps destiné pour le somme[1].
N'auriez-vous point perdu tout votre argent au jeu ?
15 En voici. S'il vous est venu quelque querelle,
J'ai mon épée, allons. Vous ennuyez-vous point
De coucher toujours seul ? Une esclave assez belle
Était à mes côtés : voulez-vous qu'on l'appelle ?
– Non, dit l'Ami, ce n'est ni l'un ni l'autre point• :
20   Je vous rends grâce de ce zèle[2].
Vous m'êtes, en dormant[3]*, un peu triste apparu ;
J'ai craint qu'il ne fût vrai*, je suis vite accouru.
     Ce maudit songe en est la cause. »

Qui d'eux aimait le mieux ? Que t'en semble, lecteur ?
25 Cette difficulté[4] vaut bien qu'on la propose.
Qu'un ami véritable est une douce chose !
Il cherche vos besoins au fond de votre cœur ;
     Il vous épargne la pudeur•
     De les lui découvrir vous-même ;
30   Un songe, un rien, tout lui fait peur
     Quand il s'agit de ce qu'il aime.

---

1. *somme* : sommeil.
2. *zèle* : vive affection.
3. *en dormant* : alors que je dormais.
4. *difficulté* : sujet de réflexion.

23. LE TORRENT ET LA RIVIÈRE

Avec grand bruit et grand fracas
Un Torrent tombait des montagnes :
Tout fuyait devant lui ; l'horreur suivait ses pas ;
Il faisait trembler les campagnes.
5   Nul voyageur n'osait passer
Une barrière si puissante :
Un seul[1] vit des voleurs ; et, se sentant presser[2],
Il mit entre eux et lui cette onde menaçante.
Ce n'était que menace et bruit sans profondeur :
10   Notre homme enfin• n'eut que la peur.
Ce succès lui donnant courage,
Et les mêmes voleurs le poursuivant toujours,
Il rencontra sur son passage
Une Rivière dont le cours,
15 Image d'un sommeil doux, paisible et tranquille,
Lui fit croire d'abord• ce trajet fort• facile :
Point de bords escarpés, un sable pur et net.
Il entre ; et son cheval le met
À couvert des voleurs, mais non de l'onde noire :
20   Tous deux au Styx• allèrent boire[3] ;
Tous deux, à* nager malheureux,
Allèrent traverser, au séjour ténébreux[4],
Bien d'autres fleuves que les nôtres.

Les gens sans bruit[5] sont dangereux :
25   Il n'en est pas ainsi des autres.

---

1. *Un seul* : un seul voyageur osa passer, parce qu'il vit des voleurs.
2. *se sentant presser* : sentant que les voleurs le serraient de près.
3. *au Styx• allèrent boire* : moururent.
4. *séjour ténébreux* : ténèbres de la mort.
5. *sans bruit* : qui ne font pas de bruit.

Compréhension

1. *Comment comprenez-vous les vers 20 à 23 ?*
2. *La morale de cette fable :*
– *quelle est-elle ?*
– *quel proverbe* exprime la même idée ?*
– *à quelles autres fables de La Fontaine pouvons-nous penser ?*
3. *Êtes-vous d'accord avec la morale de La Fontaine ? Quel genre de personnes préférez-vous fréquenter ? pourquoi ?*

Écriture / Réécriture

4. *Quels sont les vers qui décrivent le torrent ? la rivière ? Comment, par le choix du vocabulaire et le jeu des sonorités, La Fontaine souligne-t-il les différences entre l'un et l'autre ?*
5. *Vers 9 et 17 :*
– *par quels procédés de style La Fontaine met-il en valeur la caractéristique du torrent et celle de la rivière ?*
– *composez deux phrases sur le même modèle.*

Mise en scène

6. *Si vous étiez illustrateur, quelles scènes de ce texte choisiriez-vous ? pourquoi ? Quel genre de peinture feriez-vous ? Quelles couleurs utiliseriez-vous ?*

Gravure de Meit.

LIVRE NEUVIÈME

1. LE DÉPOSITAIRE INFIDÈLE

Grâce aux Filles de Mémoire[1],
J'ai chanté des animaux ;
Peut-être d'autres héros
M'auraient acquis moins de gloire.
5 Le Loup, en langue des Dieux[2],
Parle au Chien dans mes ouvrages ;
Les bêtes, à qui mieux mieux,
Y font divers personnages,
Les uns fous, les autres sages :
10 De telle sorte pourtant
Que les fous vont l'emportant ;
La mesure en est plus pleine[3].
Je mets aussi sur la scène
Des trompeurs, des scélérats,
15 Des tyrans et des ingrats,
Mainte imprudente pécore[4],
Force• sots, force flatteurs ;
Je pourrais y joindre encore
Des légions de menteurs :
20 Tout homme ment, dit le Sage•.
S'il n'y mettait seulement
Que les gens du bas étage[5],
On pourrait aucunement[6]
Souffrir• ce défaut aux hommes ;
25 Mais que tous tant que nous sommes

---

1. *aux Filles de Mémoire* : aux neuf Muses, filles de Mnémosyne, déesse de la mémoire, et de Zeus.
2. *en langue des Dieux* : en vers.
3. *La mesure en est plus pleine* : ils sont en plus grand nombre ou bien l'énumération en est plus complète ?
4. *pécore* : bête stupide.
5. *du bas étage* : de basse condition.
6. *aucunement* : un peu.

Nous mentions, grand et petit,
Si quelque autre l'avait dit,
Je soutiendrais le contraire.
Et même qui mentirait
30 Comme Ésope• et comme Homère•,
Un vrai menteur ne serait :
Le doux charme de maint• songe¹
Par leur bel art inventé,
Sous les habits du mensonge
35 Nous offre la vérité.
L'un et l'autre a fait un livre
Que je tiens• digne de vivre
Sans fin, et plus, s'il se peut.
Comme eux ne ment pas qui veut.
[...]²

Buste d'Homère.

1. *songe* : conte.
2. À la suite de ces 39 vers commence la fable proprement dite, servant d'illustration précise à cette longue introduction.

2. LES DEUX PIGEONS

Deux Pigeons s'aimaient d'amour tendre :
L'un d'eux, s'ennuyant au logis,
Fut assez fou pour entreprendre
Un voyage en lointain pays.
5 L'autre lui dit : «Qu'allez-vous faire ?
Voulez-vous quitter votre frère ?
L'absence est le plus grand des maux• :
Non pas pour vous, cruel ! Au moins, que les travaux•,
Les dangers, les soins• du voyage,
10 Changent un peu votre courage[1].
Encor•, si la saison s'avançait[2] davantage !
Attendez les zéphirs• : qui[3] vous presse ? un corbeau
Tout à l'heure annonçait malheur à quelque oiseau.
Je ne songerai plus[4] que rencontre funeste[5],
15 Que faucons, que réseaux[6]. "Hélas ! dirai-je, il pleut :
Mon frère a-t-il tout ce qu'il veut,
Bon soupé[7], bon gîte[8], et le reste ?"»
Ce discours ébranla le cœur
De notre imprudent voyageur ;
20 Mais le désir de voir et l'humeur[9] inquiète•
L'emportèrent enfin•. Il dit : «Ne pleurez point.
Trois jours au plus rendront mon âme satisfaite ;
Je reviendrai dans peu conter de point• en point
Mes aventures à mon frère ;
25 Je le désennuierai. Quiconque ne voit guère
N'a guère à dire aussi. Mon voyage dépeint[10]
Vous sera d'un plaisir extrême•.
Je dirai : "J'étais là ; telle chose m'avint• ;"

---

1. *courage* : résolution.
2. *s'avançait* : était avancée.
3. *qui* : qu'est-ce qui.
4. *je ne songerai plus* : je ne verrai plus en rêve.
5. *funeste* : malheureuse.
6. *réseaux* : filets.
7. *soupé* : souper.
8. *gîte* : abri.
9. *humeur* : caractère.
10. *Mon voyage dépeint* : le récit de mon voyage.

Vous y croirez être vous-même.»
30 À ces mots, en pleurant, ils se dirent adieu.
Le voyageur s'éloigne; et voilà qu'un nuage
L'oblige de chercher retraite en quelque lieu.
Un seul arbre s'offrit, tel encor• que l'orage
Maltraita le Pigeon en dépit du feuillage.
35 L'air devenu serein[1], il part tout morfondu[2],
Sèche du mieux qu'il peut son corps chargé de pluie,
Dans un champ à l'écart voit du blé répandu,
Voit un pigeon auprès[3] : cela lui donne envie;
Il y vole, il est pris : ce blé couvrait d'un las[4]
40   Les menteurs et traîtres appas.
Le las était usé; si bien que, de son aile,
De ses pieds, de son bec, l'oiseau le rompt enfin•;
Quelque plume y périt; et le pis du destin
Fut qu'un certain vautour à la serre cruelle
45 Vit notre malheureux qui, traînant la ficelle
Et les morceaux du las qui l'avait attrapé,
            Semblait un forçat[5] échappé.
Le vautour s'en allait* le lier[6], quand des nues[7]
Fond à son tour un aigle aux ailes étendues.
50 Le Pigeon profita du conflit des voleurs,
S'envola, s'abattit auprès d'une masure[8],
            Crut, pour ce coup, que ses malheurs
            Finiraient par cette aventure•;
Mais un fripon d'enfant (cet âge est sans pitié)
55 Prit sa fronde et, du coup, tua plus d'à moitié
            La* volatile[9] malheureuse,
        Qui, maudissant sa curiosité,
        Traînant l'aile et tirant le pié[10],

---

1. *serein* : calme.
2. *morfondu* : transi de froid.
3. *pigeon auprès* : appât.
4. *las* : piège.
5. *forçat* : prisonnier.
6. *lier* : saisir dans ses serres.
7. *des nues* : du ciel.
8. *masure* : pauvre maison.
9. *La volatile* : l'oiseau.
10. *pié* : pied.

Demi-morte et demi-boiteuse,
60 Droit[1] au logis s'en retourna :
Que bien, que mal[2], elle arriva
Sans autre aventure fâcheuse.
Voilà nos gens rejoints[3]; et je laisse à juger
De combien de plaisirs ils payèrent leurs peines.

65 Amants•, heureux amants, voulez-vous voyager ?
Que ce soit aux rives[4] prochaines.
Soyez-vous l'un à l'autre un monde toujours beau,
Toujours divers, toujours nouveau•;
Tenez-vous lieu de tout, comptez pour rien le reste.
70 J'ai quelquefois[5] aimé : je n'aurais pas alors,
Contre le Louvre• et ses trésors,
Contre le firmament[6] et sa voûte céleste,
Changé les bois, changé les lieux
Honorés par les pas, éclairés par les yeux
75 De l'aimable et jeune Bergère
Pour qui, sous le fils de Cythère•,
Je servis[7], engagé par mes premiers serments.
Hélas ! quand reviendront de semblables moments ?
Faut-il que tant d'objets• si doux et si charmants
80 Me laissent vivre au gré• de mon âme inquiète•?
Ah ! si mon cœur osait encor• se renflammer !
Ne sentirai-je plus de charme[8] qui m'arrête ?
Ai-je passé le temps d'aimer ?

---

1. *droit* : directement.
2. *que bien, que mal* : tant bien que mal.
3. *rejoints* : réunis.
4. *rives* : pays.
5. *quelquefois* : une fois.
6. *firmament* : ciel.
7. *Pour qui* [...] *Je servis* : de qui [...] je fus esclave.
8. *charme* : enchantement.

6. LE STATUAIRE[1] ET LA STATUE DE JUPITER

Un bloc de marbre était si beau
Qu'un Statuaire en fit l'emplette[2].
« Qu'en fera, dit-il, mon ciseau ?
Sera-t-il dieu, table ou cuvette ?

5 Il sera dieu : même je veux
Qu'il ait en sa main un tonnerre.
Tremblez, humains ! faites des vœux[3] :
Voilà le maître de la terre. »

L'artisan[4] exprima si bien
10 Le caractère de l'idole[5],
Qu'on trouva qu'il ne manquait rien
À Jupiter• que la parole.

Même l'on dit que l'ouvrier
Eut à peine achevé l'image[6],
15 Qu'on le vit frémir le premier,
Et redouter son propre ouvrage.

À la faiblesse du sculpteur
Le poète autrefois n'en dut guère[7],
Des dieux dont il fut l'inventeur
20 Craignant la haine et la colère.

---

1. *statuaire* : qui fait des statues.
2. *emplette* : achat.
3. *vœux* : prières.
4. *artisan* : artisan et artiste.
5. *idole* : ici, Jupiter.
6. *image* : représentation.
7. *n'en dut guère* : céda.

Il était enfant en ceci ;
Les enfants n'ont l'âme occupée
Que du continuel souci
Qu'on ne fâche point leur poupée.

25   Le cœur suit aisément l'esprit :
De cette source est descendue
L'erreur païenne[1], qui se vit
Chez tant de peuples répandue.

Ils embrassaient• violemment
30   Les intérêts de leur chimère[2] :
Pygmalion• devint amant•
De la Vénus• dont il fut père.

Chacun tourne en réalités,
Autant qu'il peut, ses propres songes :
35   L'homme est de glace aux vérités ;
Il est de feu pour les mensonges.

---

1. *païenne* : des adorateurs d'idoles.
2. *chimère* : illusion.

9. L'HUÎTRE ET LES PLAIDEURS

Un jour deux Pèlerins• sur le sable rencontrent
Une Huître, que le flot y venait d'apporter :
Ils l'avalent des yeux, du doigt ils se la montrent ;
À l'égard de la dent il fallut contester[1].
5 L'un se baissait déjà pour amasser[2] la proie ;
L'autre le pousse, et dit : «Il est bon de savoir•
      Qui de nous en aura la joie[3].
Celui qui le premier a pu l'apercevoir
En sera le gobeur ; l'autre le verra faire.
10   – Si par là l'on juge l'affaire•,
Reprit son compagnon, j'ai l'œil bon, Dieu merci.
      – Je ne l'ai pas mauvais aussi[4],
Dit l'autre ; et je l'ai vue avant vous, sur ma vie.
– Eh bien ! vous l'avez vue ; et moi je l'ai sentie.»
15   Pendant tout ce bel incident,
Perrin• Dandin arrive : ils le prennent pour juge.
Perrin, fort gravement, ouvre l'Huître, et la gruge[5],
      Nos deux Messieurs le regardant.
Ce repas fait, il dit d'un ton de président :
20 «Tenez, la cour[6] vous donne à chacun une écaille
Sans dépens[7], et qu'en paix chacun chez soi s'en aille.»
Mettez[8] ce qu'il en coûte à plaider aujourd'hui ;
Compter ce qu'il en reste à beaucoup de familles,
Vous verrez que Perrin tire l'argent à lui,
25 Et ne laisse aux plaideurs que le sac• et les quilles•.

---

1. *contester* : discuter.
2. *amasser* : ramasser.
3. *joie* : jouissance.
4. *aussi* : non plus.
5. *gruge* : avale.
6. *la cour* : le juge.
7. *Sans dépens* : sans frais.
8. *Mettez* : évaluez.

Questions

Compréhension

1. *Combien de saynètes* les six premiers vers comportent-ils ? Relevez les mots qui correspondent à chacune.*
2. *Un peu d'imagination ! Quelles sont toutes les sensations qui peuvent vous être suggérées par les deux premiers vers ?*
3. *En quoi l'énumération «des yeux», «du doigt», «à l'égard de la dent» est-elle amusante ?*
4. *Le sens de la fable :*
– quelles critiques La Fontaine adresse-t-il à la justice de son temps ?
– quelles autres œuvres du XVIIe siècle connaissez-vous où ces mêmes critiques apparaissent ?

Écriture / Réécriture

5. *Quels sont les temps utilisés dans les six premiers vers ? Justifiez leur emploi.*
6. *Quel est le mot mis en valeur au vers 2 ? par quel procédé de versification ? pourquoi ?*
7. *Comment La Fontaine rend-il la vivacité des propos (vers 10 à 14) ?*
8. *Justifiez les changements de mètre des vers 15 à 21.*
9. *Exprimez la même idée que celle développée aux vers 24-25, mais avec des images d'aujourd'hui.*
10. *Formulez les conseils que La Fontaine aurait pu nous donner à la fin de son récit.*

Mise en scène

11. *À partir des réponses données à la question 1, dessinez ou décrivez les vignettes que vous imaginez pour chaque saynète.*
12. *Suggérez les sentiments d'un animal ou d'une personne en ne décrivant que ses gestes.*
13. *Sans parler, uniquement par vos attitudes, vos mimiques, faites deviner à vos camarades ce que vous voyez.*

DISCOURS À MADAME DE LA SABLIÈRE•

[...]¹

Laissons le monde et sa croyance.
La bagatelle, la science,
Les chimères, le rien, tout est bon ; je soutiens
20   Qu'il faut de tout aux entretiens :
        C'est un parterre où Flore• épand ses biens ;
Sur différentes fleurs l'abeille s'y repose,
        Et fait du miel de toute chose.
Ce fondement posé, ne trouvez pas mauvais
25 Qu'en ces fables aussi j'entremêle des traits
        De certaine philosophie,
        Subtile, engageante et hardie.
        [...]¹

---

1. Nous ne publions volontairement que les vers 17 à 27 de cette fable de 55 vers :
ce sont ceux où La Fontaine se justifie d'écrire des fables certes légères, mais
également sérieuses, dans un souci de variété.

LIVRE DIXIÈME

2. LA TORTUE ET LES DEUX CANARDS

Une Tortue était[1], à la tête légère,
Qui, lasse• de son trou, voulut voir le pays[2].
Volontiers on fait cas d'[3]une terre étrangère ;
Volontiers gens boiteux haïssent le logis.
5   Deux Canards, à qui la commère•
         Communiqua ce beau dessein•,
Lui dirent qu'ils avaient de quoi la satisfaire.
         « Voyez-vous ce large chemin ?
Nous vous voiturerons, par l'air, en Amérique :
10   Vous verrez mainte• république•,
Maint royaume, maint peuple ; et vous profiterez[4]
Des différentes mœurs que vous remarquerez.
Ulysse• en fit autant. » On ne s'attendait guère
         De voir Ulysse en cette affaire•.
15 La Tortue écouta la proposition.
Marché fait[5], les Oiseaux forgent• une machine
         Pour transporter la pèlerine•.
Dans la gueule, en travers, on lui passe un bâton.
« Serrez bien, dirent-ils, gardez• de lâcher prise. »
20 Puis chaque Canard prend ce bâton par un bout.
La Tortue enlevée, on s'étonne partout
         De voir aller en cette guise[6]
         L'animal lent et sa maison,
Justement• au milieu de l'un et l'autre Oison.
25 « Miracle ! criait-on : venez voir dans les nues[7]

---

1. *Une tortue était* : il était une fois une tortue.
2. *le pays* : du pays.
3. *fait cas de* : apprécie.
4. *profiterez* : vous ferez votre profit.
5. *fait* : conclu.
6. *guise* : façon.
7. *nues* : ciel.

Passer la reine des tortues.
– La reine ! vraiment oui : je la suis en effet[1] ;
Ne vous en moquez point. » Elle eût beaucoup mieux fait
De passer son chemin sans dire aucune chose ;
30 Car, lâchant le bâton en desserrant les dents,
Elle tombe, elle crève• aux pieds des regardants*.
Son indiscrétion• de sa perte fut cause.

Imprudence, babil[2], et sotte vanité•,
        Et vaine• curiosité,
35   Ont ensemble étroit parentage[3].
        Ce sont enfants tous d'un lignage[4].

Gravure par Bertall, 1864.

1. *en effet* : réellement.
2. *babil* : bavardage.
3. *Ont ensemble étroit parentage* : font partie de la même famille.
4. *d'un lignage* : d'une même famille.

14. DISCOURS À M. LE DUC
DE LA ROCHEFOUCAULD•

Je me suis souvent dit, voyant de quelle sorte
    L'homme agit, et qu' il se comporte,
En mille occasions, comme les animaux :
« Le Roi de ces gens-là[1] n'a pas moins de défauts
5   Que ses sujets, et la nature
    A mis dans chaque créature
Quelque grain• d'une masse où puisent les esprits• ;
J'entends[2] les esprits corps, et pétris de matière.[3] »
    Je vais prouver ce que je dis.

10 À l'heure de l'affût, soit lorsque la lumière
Précipite ses traits dans l'humide séjour[4],
Soit lorsque le soleil rentre dans sa carrière[5],
Et que, n'étant plus nuit, il n'est pas encor• jour,
Au bord de quelque bois sur un arbre je grimpe,
15 Et, nouveau• Jupiter•, du haut de cet Olympe•
    Je foudroie, à discrétion,
    Un lapin qui n'y pensait guère.
Je vois fuir aussitôt toute la nation
    Des lapins, qui, sur la bruyère,
20   L'œil éveillé, l'oreille au guet,
S'égayaient, et de thym parfumaient leur banquet.
    Le bruit du coup fait que la bande
    S'en va chercher sa sûreté
    Dans la souterraine cité :
25 Mais le danger s'oublie, et cette peur si grande
S'évanouit bientôt ; je revois les lapins,

---

1. *ces gens-là* : les êtres humains.
2. *J'entends* : Je veux dire.
3. *les esprits corps, et pétris de matière* : s'opposant ici à Descartes (qui niait cette assimilation êtres humains / animaux), La Fontaine rappelle une idée qui lui est chère, à savoir sa volonté de peindre, à travers les animaux, ses propres contemporains, les hommes.
4. *Précipite ses traits dans l'humide séjour* : plonge et disparaît dans la mer.
5. *rentre dans sa carrière* : reprend sa course, se lève.

Plus gais qu'auparavant, revenir sous mes mains.

Ne reconnaît-on pas en cela les humains ?
        Dispersés par quelque orage,
30   À peine ils touchent le port
        Qu'ils vont hasarder[1] encor•
        Même vent, même naufrage ;
        Vrais lapins, on les revoit
        Sous les mains de la Fortune•.
35 Joignons à cet exemple une chose commune.

Quand des chiens étrangers passent par quelque endroit,
        Qui n'est pas de leur détroit[2],
        Je laisse à penser quelle fête !
        Les chiens du lieu, n'ayant en tête
40 Qu'un intérêt de gueule[3], à cris, à coups de dents,
        Vous accompagnent ces passants
        Jusqu'aux confins du territoire.
Un intérêt de biens•, de grandeur et de gloire,
Aux gouverneurs d'États, à certains courtisans,
45 À gens de tous métiers, en fait tout autant faire.
        On nous voit tous, pour l'ordinaire[4],
Piller le survenant[5], nous jeter sur sa peau.
La coquette et l'auteur sont de ce caractère :
        Malheur à l'écrivain nouveau• !
50 Le moins de gens qu'on peut à l'entour[6] du gâteau,
        C'est le droit du jeu, c'est l'affaire[7].
Cent exemples pourraient appuyer mon discours ;
        Mais les ouvrages les plus courts

---

1. *hasarder* : risquer.
2. *de leur détroit* : de leur territoire habituel.
3. *de gueule* : de voracité.
4. *pour l'ordinaire* : couramment.
5. *survenant* : celui qui survient, qui apparaît pour la première fois.
6. *à l'entour* : autour.
7. *c'est l'affaire* : c'est ce qui importe.

Sont toujours les meilleurs. En cela, j'ai pour guide[1]
55 Tous les maîtres de l'art, et tiens• qu'il faut laisser
Dans les plus beaux sujets quelque chose à penser :
   Ainsi ce discours doit cesser.

Vous qui m'avez donné ce qu'il a de solide[2],
Et dont la modestie égale la grandeur,
60 Qui ne pûtes jamais écouter sans pudeur•
   La louange la plus permise,
   La plus juste et la mieux acquise ;
Vous enfin•, dont à peine ai-je encore obtenu
Que votre nom reçût ici quelques hommages,
65 Du temps et des censeurs défendant[3] mes ouvrages,
Comme un nom qui, des ans et des peuples connu[4],
Fait honneur à la France, en grands noms plus féconde
   Qu'aucun climat[5] de l'univers,
Permettez-moi du moins d'apprendre à tout le monde
70 Que vous m'avez donné le sujet de ces vers.

---

1. *guide* : au singulier à cause de la rime avec *solide* (v. 58), alors que l'accord grammatical avec *maîtres* (v. 55) imposerait le pluriel.
2. *solide* : valable.
3. *défendant* : apposé à *votre nom* (v. 64).
4. *. des ans et des peuples connu* : formule signifiant que, selon La Fontaine, l'écrivain et le grand seigneur qu'est La Rochefoucauld n'est pas tombé dans l'oubli.
5. *climat* : lieu, région.

Questions

Compréhension

1. *Les vers 1 à 9 :*
– *quelle est l'idée exprimée dans ces vers ?*
– *en quoi cette idée est-elle très importante pour le fabuliste ?*
– *à quel grand philosophe de son époque La Fontaine s'oppose-t-il ici ?*
2. *Combien de vers La Fontaine utilise-t-il :*
– *pour exprimer ses réflexions ? pour le récit ?*
– *que remarquez-vous ?*
3. *Quel rôle La Fontaine joue-t-il dans cette fable et quel rôle fait-il jouer aux lapins aux vers 17, 19 et 26 ? Est-ce fréquent ?*
4. *Que représentent les lapins dans l'expression «Vrais lapins» (vers 33) ?*
5. *Les vers 28 à 34 :*
– *quelle est l'idée exprimée dans ces vers ?*
– *comment La Fontaine la souligne-t-il ?*
– *est-ce la même idée que celle des premiers vers ?*

Écriture / Réécriture

6. *Les vers 10 à 15 :*
– *quels sont les mètres* utilisés ?*
– *quelles sont les différentes figures* de style utilisées ?*
– *quelles sont les images suscitées ? Que représentent Jupiter et l'Olympe ?*
– *comment qualifiez-vous ce style ? Quelle est l'atmosphère créée par son emploi ?*
7. *Les vers 16-17 :*
– *quels sont les mètres utilisés ?*
– *que fait La Fontaine ? Justifiez l'emploi du verbe «je foudroie» .*
– *quel est l'effet produit par le brusque changement de mètre et de style ?*
8. *Cherchez dans un dictionnaire le sens de l'expression «genre héroï-comique» :*
– *à quel moment cette fable en donne-t-elle un exemple ?*
– *amusez-vous à raconter de cette manière une petite histoire en ayant dans l'esprit de faire éprouver par le lecteur le même plaisir amusé que vous en l'écrivant.*

Mise en scène

9. Choisissez le tableau qui, à vos yeux, est le plus comique dans cette fable et reproduisez-le ou illustrez-le grâce à un collage ; ou encore décrivez le dessin que vous auriez aimé faire si vous en aviez eu la compétence. Vous chercherez surtout à rendre le comique de la situation.

MESSIRE FRANCOIS DE LA ROCHEFOVCAVLD, Prince de Marcillac, Cons.er du Roy en ses Conseils, Gouuerneur pour sa Maj.té en ses Prouinces et païs du haut et bas Poictou, Chastelleraudois, et Loud ois

B. Moncornet ex. auec priuilege du Roy.

Portrait de La Rochefoucauld, par Moncornet.

15. LE MARCHAND, LE GENTILHOMME, LE PÂTRE, ET LE FILS DU ROI

Quatre chercheurs de nouveaux• mondes,
Presque nus, échappés à la fureur des ondes,
Un Trafiquant[1], un Noble, un Pâtre[2], un Fils de roi,
Réduits au sort de Bélisaire•,
5   Demandaient aux passants de quoi
Pouvoir soulager leur misère.
De raconter quel sort les avait assemblés,
Quoique sous divers points• tous quatre ils fussent nés,
C'est* un récit de longue haleine.
10 Ils s'assirent enfin• au bord d'une fontaine :
Là le conseil se tint[3] entre les pauvres gens.
Le Prince• s'étendit sur le malheur des grands.
Le Pâtre fut d'avis qu'éloignant la pensée
De leur aventure• passée,
15 Chacun fît de son mieux, et s'appliquât au soin•
De pourvoir• au commun besoin[4].
« La plainte, ajouta-t-il, guérit-elle son homme ?
Travaillons : c'est de quoi nous mener jusqu'à Rome•. »
Un pâtre ainsi parler ! Ainsi parler ; croit-on
20 Que le Ciel n'ait donné qu'aux têtes couronnées
De l'esprit et de la raison ;
Et que de tout berger, comme de tout mouton,
Les connaissances soient bornées• ?
L'avis de celui-ci fut d'abord• trouvé bon
25 Par les trois échoués aux bords de l'Amérique.
L'un (c'était le Marchand) savait• l'arithmétique :
« À tant par mois, dit-il, j'en[5] donnerai leçon.
     – J'enseignerai la politique, »
Reprit le Fils de roi. Le Noble poursuivit :

---

1. *Trafiquant* : marchand.
2. *Pâtre* : berger.
3. *le conseil se tint* : une discussion eut lieu.
4. *au commun besoin* : à tous.
5. *en* : d'arithmétique.

30 «Moi, je sais• le blason[1], j'en veux tenir école.»
Comme si, devers[2] l'Inde, on eût eu dans l'esprit
La sotte vanité• de ce jargon[3] frivole!
Le Pâtre dit : «Amis, vous parlez bien; mais quoi?
Le mois a trente jours : jusqu'à cette échéance
35   Jeûnerons-nous, par votre foi?
        Vous me donnez une espérance
Belle, mais éloignée; et cependant• j'ai faim.
Qui[4] pourvoira• de nous au dîner[5] de demain?
        Ou plutôt sur quelle assurance
40 Fondez-vous, dites-moi, le souper[6] d'aujourd'hui?
        Avant tout autre, c'est celui
        Dont il s'agit. Votre science
Est courte là-dessus : ma main y suppléera[7].»
        À ces mots, le Pâtre s'en va
45 Dans un bois : il y fit des fagots, dont la vente,
Pendant cette journée et pendant la suivante,
Empêcha qu'un long jeûne à la fin ne fît tant
Qu'ils allassent là-bas• exercer leur talent.

        Je conclus de cette aventure
50 Qu'il ne faut pas tant d'art[8] pour conserver ses jours;
        Et, grâce aux dons de la nature,
La main est le plus sûr et le plus prompt secours.

---

1. *blason* : science des armoiries (emblème et devise• d'une famille).
2. *devers* : du côté de.
3. *jargon* : langage très compliqué.
4. *Qui ... de nous* : lequel ... d'entre nous.
5. *dîner* : repas de midi.
6. *souper* : repas du soir.
7. *y suppléera* : lui fournira ce qu'il faut.
8. *art* : connaissances.

Compréhension

1. Dans cette fable, La Fontaine interrompt le récit à plusieurs reprises pour porter un jugement : à quels moments ? pourquoi ?

2. Pourquoi La Fontaine a-t-il choisi ces quatre types d'hommes comme héros de sa fable ?

3. Quel est le double sens de l'adjectif « pauvre » au vers 11 ? Justifiez votre réponse en vous appuyant sur le texte.

4. Les circonstances de la mésaventure des quatre héros sont-elles vraisemblables ? Justifiez votre réponse.

5. Quel est l'intérêt des vers 7 à 9 ?

6. Qu'est-ce qui oppose le prince et le pâtre (vers 12 à 18) ?

7. Quelles sont les solutions proposées par les différents personnages ?

8. Quelle qualité du pâtre les autres n'ont-ils pas ? Quelles conséquences pourriez-vous en tirer en ce qui concerne l'éducation des enfants ?

9. Dans la fable hindoue de Pilpay, intitulée Le Fils de Roi et ses compagnons, qui présente des personnages dans la même situation initiale, et dont La Fontaine s'inspire, la moralité affirme : « L'effort, la beauté, l'intelligence, tout ce qui touche l'homme en bien comme en mal est décidé par le destin » :
– quelle est la moralité de la fable française ?
– quels commentaires vous inspire la comparaison des deux moralités ?

Écriture / Réécriture

10. « Là le conseil se tint entre les pauvres gens » (vers 11) :
– nous savons ce qu'ont dit le prince et le pâtre : qu'ont bien pu dire le marchand et le noble ?
– imaginez deux paragraphes où chacun s'exprimera.

Mise en scène

11. Le bateau sur lequel vous faisiez une croisière est en train de couler. Sur le bateau pneumatique à bord duquel vous monteriez à sept, vous ne pouvez emporter que trois objets. Après avoir bien réfléchi, notez le nom de ces trois objets sur une feuille de papier.

Puis venez discuter (dix minutes, le temps presse) avec les six autres rescapés sur le choix commun de trois objets. Ne changez d'avis que lorsque les autres vous auront convaincu. Puis analysez, avec votre professeur et les autres camarades, la façon dont les choses se sont déroulées.

Le Songe d'un Habitant
du Mogol. Fable CCVIII.

I. H. Mdt. f.

Gravure de Meit.

150

LIVRE ONZIÈME

4. LE SONGE D'UN HABITANT DU MOGOL•

Jadis certain Mogol• vit en songe un Vizir•
Aux Champs Élysiens• possesseur d'un plaisir
Aussi pur qu'infini, tant en prix qu'en durée :
Le même songeur vit en une autre contrée
5   Un Ermite• entouré de feux,
Qui touchait de pitié même les malheureux.
Le cas parut étrange, et contre l'ordinaire :
Minos• en ces deux morts semblait s'être mépris.
Le dormeur s'éveilla, tant il en fut surpris.
10 Dans ce songe pourtant soupçonnant du mystère,
        Il se fit expliquer l'affaire•.
L'interprète lui dit : «Ne vous étonnez point;
Votre songe a du sens; et, si j'ai sur ce point•
        Acquis tant soit peu d'habitude,
15 C'est un avis des Dieux. Pendant l'humain séjour[1],
Ce Vizir quelquefois cherchait la solitude;
Cet Ermite aux Vizirs allait faire sa cour.»

Si j'osais ajouter au mot de l'interprète,
J'inspirerais ici l'amour de la retraite[2] :
20 Elle offre à ses amants• des biens• sans embarras,
Biens purs, présents du Ciel, qui naissent sous les pas.
Solitude, où je trouve une douceur secrète,
Lieux que j'aimai toujours, ne pourrai-je jamais,
Loin du monde et du bruit, goûter l'ombre et le frais ?
25 Oh! qui m'arrêtera sous vos sombres asiles•?
Quand pourront les neuf• Sœurs, loin des cours et des
                              [villes,
M'occuper tout entier, et m'apprendre des cieux

---

1. *humain séjour* : vie.
2. *retraite* : solitude.

Les divers mouvements inconnus à nos yeux,
Les noms et les vertus[1] de ces clartés[2] errantes
30 Par qui[3] sont nos destins et nos mœurs différentes*!
Que* si je ne suis né pour de si grands projets,
Du moins que les ruisseaux m'offrent de doux objets•!
Que je peigne en mes vers quelque rive fleurie!
La Parque• à filets[4] d'or n'ourdira[5] point ma vie,
35 Je ne dormirai point sous de riches lambris[6] :
Mais voit-on que le somme en perde de son prix?
En est-il moins profond, et moins plein de délices?
Je lui voue au désert de nouveaux• sacrifices.
Quand le moment viendra d'aller trouver les morts,
40 J'aurai vécu sans soins•, et mourrai sans remords.

---

1. *vertus* : pouvoirs.
2. *clartés errantes* : planètes.
3. *par qui* : à cause desquelles.
4. *à filets* : avec des fils.
5. *ourdira* : tissera.
6. *lambris* : décorations.

8. LE VIEILLARD ET LES TROIS JEUNES HOMMES

Un octogénaire[1] plantait.
« Passe encor• de bâtir ; mais planter à cet âge ! »
Disaient trois jouvenceaux[2], enfants du voisinage ;
   Assurément il radotait.
5 « Car, au nom des dieux, je vous prie,
Quel fruit[3] de ce labeur[4] pouvez-vous recueillir ?
Autant qu'un patriarche• il vous faudrait vieillir.
   À quoi bon charger votre vie
Des soins• d'un avenir qui n'est pas fait pour vous ?
10 Ne songez désormais qu'à vos erreurs passées ;
Quittez le long espoir et les vastes pensées ;
   Tout cela ne convient qu'à nous.
   – Il ne convient pas à vous-mêmes,
Repartit• le Vieillard. Tout établissement[5]
15 Vient tard, et dure peu. La main des Parques• blêmes[6]
De vos jours et des miens se joue également.
Nos termes[7] sont pareils par leur courte durée.
Qui de nous des clartés de la voûte azurée
Doit jouir le dernier ? Est-il aucun moment
20 Qui vous puisse assurer d'un second seulement ?
Mes arrières-neveux• me devront cet ombrage :
   Eh bien ! défendez-vous au sage•
De se donner des soins pour le plaisir d'autrui ?
Cela même est un fruit que je goûte aujourd'hui :
25 J'en puis jouir demain, et quelques jours encore ;
   Je puis enfin• compter l'aurore
   Plus d'une fois sur vos tombeaux. »
Le Vieillard eut raison : l'un des trois jouvenceaux
Se noya dès le port, allant à l'Amérique ;

---

1. *octogénaire* : homme de quatre-vingts ans.
2. *jouvenceaux* : jeunes gens.
3. *fruit* : bénéfice.
4. *labeur* : travail.
5. *établissement* : situation stable.
6. *blêmes* : pâles comme la mort.
7. *termes* : vies.

30 L'autre, afin de monter aux grandes dignités,
  Dans les emplois de Mars• servant la République•,
  Par un coup imprévu vit ses jours emportés ;
      Le troisième tomba d'un arbre
      Que lui-même il voulut enter[1] ;
35 Et, pleurés du Vieillard, il* grava sur leur marbre
      Ce que je viens de raconter.

Illustration de Gustave Doré, 1867.

1. *enter* : greffer.

Compréhension

1. *Quel âge a La Fontaine quand il écrit cette fable?*
2. *Comment comprenez-vous le vers 2?*
3. *À qui s'adressent successivement les jouvenceaux? Comment remarquez-vous le changement d'interlocuteur?*
4. *Résumez :*
– en une phrase (environ vingt mots), le discours des trois jeunes gens;
– en deux phrases (environ quarante mots), la réponse du vieillard.
5. *Dans quel livre très célèbre parle-t-on des patriarches? Jusqu'à quel âge sont-ils censés avoir vécu?*
6. *Expliquez : «Nos termes sont pareils par leur courte durée» (vers 17).*
7. *«Cela même est un fruit que je goûte aujourd'hui» (vers 24) : de quoi s'agit-il?*

Écriture / Réécriture

8. *Voici l'épitaphe (cherchez ce mot dans un dictionnaire) composé par La Fontaine pour lui-même :*

> «Jean s'en alla comme il était venu
> Mangea le fonds[1] comme le revenu,
> Tint• les trésors chose peu nécessaire;
> Quant à son temps, bien le sut dispenser,
> Deux parts en fit dont il soulait[2] passer
> L'une à dormir et l'autre à ne rien faire. »

Imaginez l'épitaphe que le vieillard grava sur la tombe des trois jeunes hommes.

---

1. *fonds* : capital.
2. *soulait* : avait l'habitude de.

ÉPILOGUE

C'est ainsi que ma Muse, aux bords d'une onde pure,
     Traduisait en langue des dieux[1]
     Tout ce que disent sous les cieux
Tant d'êtres empruntants* la voix de la nature.
5   Truchement[2] de peuples divers[3],
Je les faisais servir d'acteurs en mon ouvrage :
     Car tout parle dans l'univers ;
     Il n'est rien qui n'ait son langage :
Plus éloquents chez eux qu'ils ne sont dans mes vers,
10 Si ceux que j'introduis me trouvent peu fidèle,
Si mon œuvre n'est pas un assez bon modèle,
     J'ai du moins ouvert le chemin :
D'autres pourront y mettre une dernière main.[...]

Louis, duc de Bourgogne, d'après le tableau de Troy.

---

1. *en langue des dieux* : en vers.
2. *Truchement* : interprète.
3. *divers* : différents.

LIVRE DOUZIÈME

À MONSEIGNEUR LE DUC DE BOURGOGNE•

MONSEIGNEUR,

Je ne puis employer, pour mes fables, de protection qui me soit plus glorieuse que la vôtre. Ce goût exquis et ce jugement si solide que vous faites paraître dans toutes choses au-delà[1] d'un âge où à peine les autres princes•
5 sont-ils touchés de ce qui les environne avec le plus d'éclat ; tout cela, joint au devoir de vous obéir et à la passion de vous plaire, m'a obligé de vous présenter un ouvrage dont l'original[2] a été l'admiration de tous les siècles aussi bien que celle de tous les sages•. Vous
10 m'avez même ordonné de continuer ; et, si vous me permettez de le dire, il y a des sujets dont je vous suis redevable, et où vous avez jeté des grâces qui ont été admirées de tout le monde. Nous n'avons plus besoin de consulter ni Apollon• ni les Muses, ni aucune des divini-
15 tés du Parnasse[3] : elles se rencontrent toutes dans les présents que vous a faits la nature, et dans cette science de bien juger des ouvrages de l'esprit, à quoi vous joignez déjà celle de connaître toutes les règles qui y conviennent. Les fables d'Ésope• sont une ample
20 matière pour ces talents ; elles embrassent• toutes sortes d'événements et de caractères. Ces mensonges• sont proprement une manière d'histoire où on ne flatte personne. Ce ne sont pas choses de peu d'importance que ces sujets : les animaux sont les précepteurs[4] des
25 hommes dans mon ouvrage. Je ne m'étendrai pas

---

1. *au-delà* : au-dessus.
2. *original* : source, c'est-à-dire Ésope•.
3. *Parnasse* : voir note 1, p. 14.
4. *précepteurs* : ceux qui éduquent.

davantage là-dessus : vous voyez mieux que moi le profit qu'on en peut tirer. Si vous vous connaissez maintenant en orateurs et en poètes, vous vous connaîtrez encore mieux quelque jour en bons politiques et en bons géné-
30 raux d'armée ; et vous vous tromperez aussi peu au choix des personnes qu'au mérite des actions. Je ne suis pas d'un âge à espérer d'en être témoin. Il faut que je me contente de travailler sous vos ordres. L'envie de vous plaire me tiendra lieu d'une imagination que les ans ont
35 affaiblie : quand vous souhaiterez quelque fable, je la trouverai dans ce fonds-là. Je voudrais bien que vous y pussiez trouver des louanges dignes du monarque qui fait maintenant le destin de tant de peuples et de nations, et qui rend toutes les parties du monde atten-
40 tives à ses conquêtes, à ses victoires, et à la paix qui semble se rapprocher, et dont il impose les conditions avec toute la modération que peuvent souhaiter nos ennemis. Je me le figure comme un conquérant qui veut mettre des bornes• à sa gloire et à sa puissance, et de qui
45 on pourrait dire, à meilleur titre qu'on ne l'a dit d'Alexandre[1], qu'il va tenir les États de l'univers, en obligeant les ministres de tant de princes• de s'assembler pour terminer une guerre qui ne peut être que ruineuse à leurs maîtres. Ce sont des sujets au-dessus de
50 nos paroles ; je les laisse à de meilleures plumes que la mienne, et suis avec un profond respect,

Monseigneur,

Votre très humble, très obéissant,
et très fidèle serviteur,

De La Fontaine.

---

1. *Alexandre* : voir note 9, p. 11.

4. LES DEUX CHÈVRES

Dès que les Chèvres ont brouté,
Certain esprit de liberté
Leur fait chercher fortune ; elles vont en voyage
Vers les endroits du pâturage
5   Les moins fréquentés des humains :
Là, s'il est quelque lieu sans route et sans chemins,
Un rocher, quelque mont pendant en précipices,
C'est où ces dames• vont promener leurs caprices.
Rien ne peut arrêter cet animal grimpant.
10   Deux Chèvres donc s'émancipant,
Toutes deux ayant patte blanche,
Quittèrent les bas prés, chacune de sa part• :
L'une vers l'autre allait pour quelque bon hasard.
Un ruisseau se rencontre[1], et pour pont une planche.
15 Deux belettes à peine auraient passé de front
Sur ce pont.
D'ailleurs, l'onde rapide et le ruisseau profond
Devaient[2] faire trembler de peur ces amazones[3].
Malgré tant de dangers, l'une de ces personnes
20 Pose un pied sur la planche, et l'autre en fait autant.
Je m'imagine voir, avec Louis• le Grand,
Philippe• Quatre qui s'avance
Dans l'île de la Conférence•.
Ainsi s'avançaient pas à pas,
25   Nez à nez, nos aventurières,
Qui, toutes deux étant fort• fières,
Vers le milieu du pont ne se voulurent pas
L'une à l'autre céder. Elles avaient la gloire
De compter dans leur race, à ce que dit l'histoire,
30 L'une, certaine Chèvre, au mérite sans pair[4],
Dont Polyphème• fit présent à Galatée•,
Et l'autre la Chèvre Amalthée•,

---

1. *se rencontre* : est rencontré.
2. *devaient* : auraient dû.
3. *amazones* : intrépides.
4. *sans pair* : sans égal.

Par qui fut nourri Jupiter[•].
Faute de reculer, leur chute fut commune :
35   Toutes deux tombèrent dans l'eau.

Cet accident n'est pas nouveau[•]
Dans le chemin de la Fortune[•].

Dessin de Sylvain Sauvage, 1934.

Questions

Compréhension

1. *Quels sont les traits de caractère qui expliquent les agissements des chèvres dans cette fable ?*
2. *À quelle chèvre (littérairement) fameuse pourriez-vous penser en lisant les neuf premiers vers ?*
3. *Si vous avez observé vous-même des chèvres, dites si le portrait de La Fontaine est ressemblant.*
4. *Qu'est-ce qui vous indique le début du récit ?*
5. *Comment comprenez vous l'expression « ayant patte blanche » ? Où cette remarque est-elle complétée dans la fable ?*
6. *Le vers 16 : combien ce vers a-t-il de syllabes ? pourquoi ?*
7. *Les vers 24 et 25 : comment La Fontaine suggère-t-il l'affrontement entre les deux chèvres ?*
8. *« Elles avaient la gloire... Jupiter » : que signifient ces vers (28 à 33) ?*
9. *De quel fait divers contemporain de La Fontaine a-t-on rapproché cette fable ?*
10. *Que pensez-vous de la façon dont La Fontaine nous raconte la fin de cette aventure ?*
11. *La Fontaine exprime-t-il la moralité ? pourquoi ? Comment la formuleriez-vous ?*

Écriture / Réécriture

12. *Dans l'histoire des deux chèvres, relevez tout ce qui n'appartient pas au récit et le rend burlesque (définissez ce mot).*
13. *À votre tour, faites le récit burlesque d'une petite aventure.*

Mise en scène

14. *On vous demande de présenter cette fable sous forme de film. Pour chaque séquence :*
– décrivez ce que vous filmez ;
– donnez le nom du plan que vous utilisez.

À MONSEIGNEUR LE DUC DE BOURGOGNE•
QUI AVAIT DEMANDÉ
À M. DE LA FONTAINE
UNE FABLE• QUI FÛT NOMMÉE
LE CHAT ET LA SOURIS

Pour plaire au jeune Prince• à qui la Renommée
    Destine un temple en mes écrits,
Comment composerais-je une fable• nommée
    Le Chat et la Souris ?

5 Dois-je représenter dans ces vers une belle
Qui, douce en apparence, et toutefois cruelle,
Va se jouant des cœurs que ses charmes ont pris
    Comme le Chat de la Souris ?

Prendrai-je pour sujet les jeux de la Fortune• ?
10 Rien ne lui convient mieux : et c'est chose commune
Que de lui voir traiter ceux qu'on croit ses amis
    Comme le Chat fait la Souris.

Introduirai-je un Roi qu'entre ses favoris
Elle respecte seul, Roi qui fixe sa roue,
15 Qui n'est point empêché d'un monde d'ennemis,
Et qui des plus puissants, quand il lui plaît, se joue
    Comme le Chat de la Souris ?

Mais insensiblement, dans le tour que j'ai pris,
Mon dessein• se rencontre ; et, si je ne m'abuse,
20 Je pourrais tout gâter• par de plus longs récits :
Le jeune Prince alors se jouerait de ma Muse
    Comme le Chat de la Souris.

5. LE VIEUX CHAT ET LA JEUNE SOURIS

Une jeune Souris, de peu d'expérience,
Crut fléchir[1] un vieux Chat, implorant* sa clémence,
Et payant de raisons[2] le Raminagrobis* :
      «Laissez-moi vivre : une souris
5   De ma taille et de ma dépense[3]
      Est-elle à charge en ce logis ?
      Affamerais-je, à votre avis,
      L'hôte* et l'hôtesse, et tout leur monde ?
      D'un grain* de blé je me nourris :
10   Une noix me rend toute ronde.
À présent je suis maigre ; attendez quelque temps.
Réservez ce repas à Messieurs vos enfants. »
Ainsi parlait au Chat la Souris attrapée.
      L'autre lui dit : «Tu t'es trompée :
15 Est-ce à moi que l'on tient de semblables discours ?
Tu gagnerais autant de parler à des sourds.
Chat, et vieux, pardonner ? Cela n'arrive guères[4].
      Selon ces lois, descends là-bas*,
      Meurs, et va-t'en, tout de ce pas,
20   Haranguer* les Sœurs filandières* :
Mes enfants trouveront assez d'autre repas. »
      Il tint parole.

                Et, pour ma fable*,
Voici le sens moral qui peut y convenir :
La jeunesse se flatte[5], et croit tout obtenir ;
25   La vieillesse est impitoyable.

---

1. *fléchir* : attendrir.
2. *payant de raisons* : en lui donnant de mauvais arguments.
3. *de ma dépense* : qui dépense si peu.
4. *guères* : guère.
5. *se flatte* : se berce d'illusions.

25. LE JUGE ARBITRE, L'HOSPITALIER, ET LE SOLITAIRE

Trois Saints[1], également jaloux[2] de leur salut[3],
Portés[4] d'un même esprit, tendaient à même but.
Ils s'y prirent tous trois par des routes diverses :
Tous chemins vont à Rome• ; ainsi nos concurrents
5   Crurent pouvoir choisir des sentiers différents.
L'un, touché des soucis, des longueurs, des traverses[5]
Qu'en apanage[6] on voit aux procès attachés,
S'offrit de les juger sans récompense aucune,
Peu soigneux d'établir ici-bas sa fortune.
10 Depuis qu'il est des lois, l'homme, pour ses péchés,
Se condamne à plaider la moitié de sa vie :
La moitié ? les trois quarts, et bien souvent le tout.
Le conciliateur[7] crut qu'il viendrait à bout
De guérir cette folle et détestable envie.
15 Le second de nos Saints choisit les hôpitaux.
Je le loue ; et le soin• de soulager ces maux•
Est une charité que je préfère aux autres.
Les malades d'alors, étant tels que les nôtres,
Donnaient de l'exercice[8] au pauvre Hospitalier[9] ;
20 Chagrins[10], impatients, et se plaignant sans cesse :
« Il a pour tels et tels un soin• particulier,
          Ce sont ses amis ; il nous laisse. »
Ces plaintes n'étaient rien au prix de l'embarras

---

1. *saints* : « se dit aussi des hommes qui vivent selon la loi de Dieu » (Dictionnaire de l'Académie française).
2. *jaloux* : désireux.
3. *salut* : bonheur (après la mort).
4. *Portés* : animés.
5. *traverses* : obstacles.
6. *en apanage* : comme conséquence.
7. *conciliateur* : arbitre.
8. *exercice* : occasion d'exercer la charité.
9. *Hospitalier* : « religieux ou religieuse qui fait vœu de servir, d'assister les pauvres, les malades ou les passants qu'on reçoit dans leur hôpital » (Dictionnaire de l'Académie française).
10. *Chagrins* : de mauvaise humeur.

Où se trouva réduit l'appointeur[1] de débats :
25 Aucun n'était content ; la sentence arbitrale[2]
          À nul des deux ne convenait :
          Jamais le Juge ne tenait
          À leur gré• la balance égale.
De semblables discours rebutaient l'appointeur :
30 Il court aux hôpitaux, va voir leur directeur :
Tous deux ne recueillant que plainte et que murmure,
Affligés, et contraints de quitter ces emplois,
Vont confier leur peine au silence des bois.
Là, sous d'âpres[3] rochers, près d'une source pure,
35 Lieu respecté des vents, ignoré du soleil,
Ils trouvent l'autre Saint, lui demandent conseil.
« Il faut, dit leur ami, le[4] prendre de soi-même.
          Qui mieux que vous sait vos besoins ?
Apprendre à se connaître est le premier des soins•
40 Qu'impose à tous mortels la Majesté suprême.
Vous êtes-vous connus dans le monde habité ?
L'on ne le peut qu'aux lieux pleins de tranquillité :
Chercher ailleurs ce bien• est une erreur• extrême.
          Troublez l'eau : vous y voyez-vous ?
45 Agitez celle-ci. — Comment nous verrions-nous ?
          La vase est un épais nuage
Qu'aux effets du cristal nous venons d'opposer.
— Mes frères, dit le Saint, laissez-la reposer,
          Vous verrez alors votre image.
50 Pour vous mieux contempler demeurez au désert[5]. »
          Ainsi parla le Solitaire.
Il fut cru ; l'on suivit ce conseil salutaire.

Ce n'est pas qu'un emploi ne doive être souffert•.
Puisqu'on plaide, et qu'on meurt, et qu'on devient
                                        [malade,

---

1. *appointeur* : conciliateur.
2. *sentence arbitrale* : jugement.
3. *âpres* : rugueux.
4. *le* : désigne le conseil.
5. *désert* : solitude.

55 Il faut des médecins, il faut des avocats.
Ces secours, grâce à Dieu, ne nous manqueront pas :
Les honneurs et le gain, tout me le persuade.
Cependant on s'oublie¹ en ces communs besoins.
Ô vous• dont le public² emporte tous les soins•,
60   Magistrats, princes et ministres,
Vous que doivent troubler mille accidents sinistres,
Que le malheur abat, que le bonheur corrompt,
Vous ne vous voyez point, vous ne voyez personne.
Si quelque bon moment à ces pensers vous donne,
65   Quelque flatteur vous interrompt.

Cette leçon sera la fin de ces ouvrages :
Puisse-t-elle être utile aux siècles à venir !
Je la présente aux rois, je la propose aux sages :
        Par où saurais-je mieux finir ?

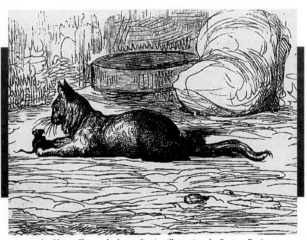

Le Vieux Chat et la Jeune Souris, *illustration de Gustave Doré.*

---

1. *on s'oublie* : on oublie de penser à soi.
2. *public* : affaires publiques.

Questions

Compréhension

1. *Présentez les trois personnages de cette fable, en précisant :*
– *ce qu'ils recherchent ;*
– *les moyens qu'ils ont choisis pour l'obtenir.*
2. *Qu'ont en commun les deux premières solutions ?*
3. *Quels sont les conseils donnés par le Solitaire ? Qu'en pensez-vous ?*
4. *Combien de parties la fable comporte-t-elle ? Donnez un titre à chacune. Quelles remarques vous inspire la composition de ce texte ?*
5. *En vous aidant d'un livre d'Histoire ou d'une littérature, montrez que cette fable reflète bien la réalité du temps.*

Écriture / Réécriture

6. *« Troublez l'eau... désert » :*
– *comment s'appelle cette figure* de style ?*
– *expliquez-la.*
7. *« Apprendre à se connaître est le premier des soins [...] / L'on ne le peut qu'aux lieux pleins de tranquillité » : pensez-vous que la solitude soit la condition essentielle de la connaissance de soi ? Vous répondrez à cette question en nuançant votre pensée.*
8. *Si vous aviez, vous aussi, à choisir votre route comme les trois personnages, quel serait votre choix ? pourquoi ?*

Mise en scène

9. *À quels signes voit-on que cette fable ne peut être que la dernière du recueil ?*

1. *Combien d'années séparent la publication du premier recueil de celle du second? Outre les* Fables, *qu'a écrit La Fontaine pendant ces années?*

2. *Relevez, dans les préfaces, épilogues, dédicaces* et fables, les *passages où La Fontaine exprime ses intentions en écrivant les fables. Faites-en un montage (oral ou écrit), après les avoir si possible appris par cœur.*

3. *Relevez les morales ou moralités qui vous paraissent encore justes aujourd'hui, et présentez-les d'une façon originale, oralement ou par écrit.*

4. *Choisissez un animal qui vous intéresse particulièrement et réalisez un dossier composé :*
– *des vers où La Fontaine le décrit;*
– *de proverbes où il est cité;*
– *de textes littéraires français ou étrangers où il est décrit;*
– *de sa description faite par des naturalistes;*
– *de textes mythologiques ou religieux qui le présentent d'une manière symbolique.*
Vous illustrerez votre dossier par des photos, dessins ou collages. Vous ferez une introduction générale et une introduction courte pour chaque chapitre. Vous exprimerez, dans une conclusion, les réflexions que vous inspire le rapprochement de tous ces textes. Vous n'oublierez pas la table des matières.

5. *À propos de l'Avertissement (p. 101) :*
– *quelles différences La Fontaine souligne-t-il entre les deux recueils de fables?*
– *illustrez votre réponse en analysant rapidement une ou deux fables prises dans chacun des recueils.*

6. *De qui La Fontaine s'inspirait-il surtout dans son premier recueil? de qui s'inspire-t-il dans le second?*

7. *À propos du Dépositaire infidèle (p. 129) : voici huit mots que vous aurez à utiliser dans la transcription du texte : «animaux», «fou», «gloire», «mensonge», «personnages», «sage», «scène», «vérité».*
– *Lisez attentivement ce texte en repérant comment ils sont employés et en prenant des notes;*
– *fermez le livre et, en utilisant ces huit mots, transposez à votre façon le texte de La Fontaine.*

8. *À propos de l'Épilogue (p. 156) :*
– *quel est le sens du mot «épilogue»?*
– *dans la première fable du livre V (Le Bûcheron et Mercure), La*

Fontaine a décrit l'ensemble de ses fables comme «une ample
comédie à cent actes divers» : *quelle est la phrase qui reprend ici
la même idée?*

9. *Quels sont, à votre avis, les points communs des fables avec le
théâtre?*

10. *La Fontaine a donné comme titre à ces recueils* Fables choisies
et mises en vers par Monsieur de La Fontaine : *comparez une fable
d'Ésope (p. 194) avec des textes de La Fontaine et dites ce que
vous pensez de ce titre.*

11. «Je me sers d'animaux pour dépeindre les hommes» :
– *quelles sont les caractéristiques des hommes qui ressortent de
cette peinture?*
– *le portrait est-il encore ressemblant à celui de l'homme du
xxe siècle?*

Autographe de La Fontaine.

DATES	ÉVÉNEMENTS HISTORIQUES	ÉVÉNEMENTS CULTURELS
1621	La France, alors sous le règne de Louis XIII, et l'Europe sont plongées dans la guerre de Trente Ans.	
1624-1642	Ministère de Richelieu.	
1624		Dernière partie de l'*Astrée* d'Honoré d'Urfé.
1628		L'Anglais Harvey découvre la circulation du sang.
1635		Richelieu fonde l'Académie française.
1636		*Discours de la méthode* de Descartes.
1637		Triomphe du *Cid* de Corneille.
1641		
1643-1661	Régence d'Anne d'Autriche et gouvernement de Mazarin.	
1645		
1647		
1648	La Fronde : révolte des Grands qui met en péril le pouvoir royal.	*Traité des Passions* de Descartes.
1649		*Le Grand Cyrus* de Mlle de Scudéry.
1652	Échec de la Fronde : triomphe de Mazarin et de l'absolutisme.	Mlle de Scudéry ouvre à Paris un salon littéraire.
1653	Foucquet surintendant des Finances.	Condamnation du jansénisme par le Pape.
1654		
1656		Foucquet fait construire le château de Vaux-le-Vicomte (Le Vau, Le Nôtre). *Les Provinciales* de Pascal.
1658		Publication des œuvres complètes du philosophe épicurien Gassendi.
1659	Paix des Pyrénées : fin de la guerre de Trente Ans. La France est une puissance prépondérante en Europe.	*Les Précieuses Ridicules* de Molière.
1661	Mort de Mazarin. Gouvernement personnel de Louis XIV. Arrestation de Foucquet.	Début de la construction et de l'aménagement de Versailles (Le Vau, Hardouin-Mansart, Le Brun, Le Nôtre).
1662		
1663		Descartes condamné par la Sorbonne.
1664	Début de la lutte contre le jansénisme. Condamnation de Foucquet.	*Maximes* de La Rochefoucauld.
1665	Colbert contrôleur général des Finances.	
1666		*Satires* de Boileau.
1667-1668	Guerre de Dévolution et paix d'Aix-la-Chapelle : la France s'agrandit.	
1667		Fondation par Colbert de l'Observatoire de Paris. *Andromaque* de Racine.
1668		
1669		

VIE ET ŒUVRE DE JEAN DE LA FONTAINE	DATES
À Château-Thierry, le 8 juillet, baptême de Jean de La Fontaine : bourgeoisie aisée et cultivée.	1621
	1624
	1628
La Fontaine poursuit ses études à Paris.	1635
	1636
	1637
La Fontaine entre pour un an et demi à l'Oratoire comme novice.	1641
La Fontaine fait son droit à Paris où il fréquente le groupe de la Table Ronde (Pellisson, Maucroix, Furetière...) et commence à écrire.	1645
Il se marie avec Marie Héricart.	1647
	1648
	1649
Il devient maître particulier des eaux et forêts.	1652
	1653
L'*Eunuque*, comédie imitée de Térence.	1654
	1656
La Fontaine est introduit auprès de Foucquet par son oncle Jannart. *Adonis*, poème. *Climène*, comédie.	1658
Il est pensionné par Foucquet. *Le Songe de Vaux*.	1659
	1661
Élégie aux Nymphes de Vaux.	1662
Ode au Roi en faveur de Foucquet.	1663
La Fontaine accompagne Jannart exilé en Limousin. La Fontaine devient gentilhomme servant de Madame, duchesse d'Orléans.	1664
Premier recueil de *Contes et Nouvelles en vers*.	1665
Second recueil de *Contes*.	1666
	1667-1668
	1667
Premier recueil de *Fables* (I à VI) : succès éclatant.	1668
Les Amours de Psyché et de Cupidon, «roman» en prose mêlée de vers.	1669

DATES	ÉVÉNEMENTS HISTORIQUES	ÉVÉNEMENTS CULTURELS
1670		*Fables d'Ésope mises en vers* de Saint-Glas.
		Fables morales et nouvelles de Furetière.
		Pensées de Pascal publiées à titre posthume.
1671		Début de la correspondance de Mme de Sévigné.
1672	La Cour s'installe à Versailles.	Lulli dirige l'Académie royale de musique.
1672-1673	Guerre de Hollande.	
1673		*Le Malade Imaginaire* ; mort de Molière.
1674		*Art Poétique* de Boileau.
1675		
1676-1680	Affaire des Poisons.	
1677		*Phèdre* de Racine.
1678	Paix de Nimègue : Louis XIV à l'apogée de sa puissance.	*La Princesse de Clèves* de Mme de La Fayette.
1680	Mort de Foucquet à Pignerol.	
1682		
1683-1684		
1685	Révocation de l'édit de Nantes.	
1687		Début de la querelle des Anciens et des Modernes.
		Oraison funèbre de Condé de Bossuet.
1688	Début de la guerre de la Ligue d'Augsbourg : coalition de toute l'Europe contre la France.	*Les Caractères* de La Bruyère.
		Versailles est achevé.
1689		Fénelon précepteur du duc de Bourgogne.
1690		
1691		*Athalie* de Racine.
1693		
1695		

VIE ET ŒUVRE DE JEAN DE LA FONTAINE	DATES
	1670
Nouveau recueil de *Contes*.	1671
Mort de la duchesse d'Orléans : après un an d'isolement, La Fontaine s'installe chez Mme de la Sablière.	1672-1673
	1673
	1674
Nouveaux Contes, imprimés clandestinement et interdits.	1675
	1676-1680
	1677
Deuxième recueil de *Fables* (VII-XI) : succès encore plus éclatant.	1678
Poème du Quinquina.	1682
Élu à l'Académie française, La Fontaine n'y entre qu'au bout d'un an : *Discours à Mme de la Sablière.*	1683-1684
Ouvrages de prose et de poésie des sieurs de Maucroix et de La Fontaine (onze fables inédites).	1685
Épître à Huet : La Fontaine y prend parti pour les Anciens.	1687
	1688
	1689
Plusieurs fables nouvelles dans *le Mercure Galant.* Échec d'*Astrée,* un opéra.	1690
	1691
Mort de Mme de la Sablière : La Fontaine s'installe chez le banquier d'Hervart.	1693
Dernier recueil de *Fables* (XII). Mort chrétienne de La Fontaine.	1695

VIVRE DE SA PLUME

Au temps de La Fontaine, il est difficile de vivre de sa plume. Ce qu'on appelle aujourd'hui les droits d'auteur, c'est-à-dire en moyenne dix pour cent sur le prix de vente de chaque livre au public, n'existe pas. Le «libraire» (on dirait aujourd'hui l'éditeur) chez lequel l'écrivain va porter son ouvrage ne lui donne pas forcément d'argent et s'il lui verse quelque chose, il le fait une fois pour toutes (ce qu'on appelle aujourd'hui le forfait). Ainsi P. Bornecque qui, dans son *La Fontaine fabuliste,* s'est surtout intéressé à la situation des auteurs dramatiques, nous apprend qu'en 1600, le dramaturge Hardy reçoit cinq pistoles par pièce (soit 25 000 francs de 1982). Toutefois, poursuit-il, la situation des auteurs s'améliore au cours du siècle puisqu'à partir de 1653 certains d'entre eux, comme Molière ou Scarron, obtiennent, en raison du succès de leurs pièces, un pourcentage sur les recettes. Mais la somme versée l'est toujours de manière ponctuelle et pour une œuvre bien précise. La Fontaine par exemple touchera 1 500 livres (soit 75 000 francs de 1982) pour son roman *Psyché* mais rien, semble-t-il, pour les *Fables.*

Dans ces conditions il faut à l'écrivain d'autres revenus pour vivre. C'est pourquoi on le voit très souvent exercer une autre profession : il est homme d'Église, militaire ou fonctionnaire du roi ou d'un Grand comme La Fontaine à Château-Thierry. Et comme les revenus qu'il acquiert ainsi demeurent le plus souvent insuffisants, il s'ingénie encore à se trouver un protecteur qui lui versera une pension et pourra même le recevoir sous son toit. Imitant Louis XIV, beaucoup de nobles jouent en effet les mécènes : *sollicités de toutes parts,* nous dit G. Mongrédien, *ils se faisaient parfois les protecteurs attitrés de certains écrivains qu'ils rétribuaient régulièrement, en dehors même des dédicaces flatteuses qu'ils en recevaient [...] l'écrivain faisait partie des «domestiques» de la «maison», au même titre que l'intendant ou le maître d'hôtel – ce sera le cas de La Fontaine chez la duchesse d'Orléans. Il était chargé de chanter les louanges du maître et de sa famille, de soutenir ses intérêts et de défendre son action politique, ce qui explique pourquoi la littérature est alors mêlée de si près aux événements contemporains.* La Fontaine n'a-t-il pas été victime lui aussi du ressentiment royal au moment de la disgrâce de Foucquet, son premier protecteur ? Sachant cela, on comprend mieux la fragilité de la situation de l'écrivain que le succès ne libère pas pour autant de ses obligations à l'égard des Grands dont il a besoin pour vivre. La Fontaine aura ainsi quatre protecteurs successifs de 1658 à 1695 date de sa mort.

LA FABLE : UN EXERCICE SCOLAIRE

Choisir d'écrire des fables est, à cette époque, d'une grande banalité. Ésope et Phèdre sont au menu de tous les programmes dans les collèges qui forment nobles et bourgeois. Leurs œuvres constituent la base d'un enseignement qui tend à donner aux élèves une bonne éducation morale, de solides connaissances en latin et en grec et la maîtrise de l'expression écrite. Aussi toute personne bien née a-t-elle déjà rédigé quelques fables au cours de ses années d'instruction, stimulée en cela par des professeurs qui ne cessent de proposer aux libraires des recueils de textes à faire paraître comme le *Nevelet,* sans cesse réédité, ou qui traduisent eux-mêmes en français les fables ésopiques à l'exemple de Jean Meslier dans ses *Fabulae gallicae, latinae, graecae.* La Fontaine agit donc en bon écolier quand il commence à écrire des fables qui ne représentent d'ailleurs qu'une bien faible partie de sa production littéraire. Il le sait et l'écrit dans sa préface de 1668 : *Après tout, je n'ai entrepris la chose que sur l'exemple.* Mais c'est alors qu'au-delà de l'imitation se révèle un talent original qui combine tous les genres et charmera aussi bien le public scolaire que le public mondain, faisant de La Fontaine un modèle : d'écolier, il passe maître dans un art d'écrire qui n'aura jamais d'équivalent dans notre littérature.

C'est là tout le paradoxe d'un écrivain qui voulait réussir au théâtre et qui dut son succès et sa gloire à une forme d'écriture considérée comme un exercice scolaire. De cette manière d'écrire, il a fait un véritable genre littéraire car il a su plaire en apportant une gaîté et une légèreté nouvelles qui répondaient et qui répondent toujours à une attente des lecteurs.

Vous possédez entier le cœur de vostre amant.
Achille.
Le mien est occupé de son ressentiment.
Sa gloire et sa grandeur sont encor mes rivales,
Tantque nous le verrons sur ces rives fatales
Je craindray pour ses jours. vous voyez qu'un danger
En me rendant a luy l'on veut le rengager.
que les enfans des Dieux vendent cher aux mortelles
L'honneur de quelques soins bien souvent peu fidelles,
Souvent il vaudroit mieux qu'un cœur de moindre prix
De nos frosles beautez se rencontrast espris.
On le possederoit entier et sans alarmes:
Au lieu que je crains tout, tantost l'effort des armes,
Tantost mon jeu d'attraits, tantost l'ambition,
Et l'on n'est point d'un Roy toute la passion.
        Lydie.
Vous l'estes de celuy qui joint par sa naissance
Au sang qu'il tient des Dieux la suprême puissance
S'il se vange, et s'il veut exercer son courroux,
Le seul motif en est l'amour qu'il a pour vous.
De vostre enlevement il pourroit la vengeance.
Il eust dissimulé peutestre une autre offense;
mais ne vous ayant plus aussitost il fit voir
qu'en vous seule il faisoit consister son devoir,
qu'il vous sacrifioit l'interest de la grece,
qu'enfin la gloire estoit moins que vous la maistresse.
        Briseis.
Je l'avoüe, et je crains peutestre sans suiet;
mais qui pourroit avoir un cœur moins inquiet?
        Lydie.
vous si vous vous scavez connoistre un peu vous mesme
vos vœux sont soutenus d'un merite suprême;

DU RÉCIT ORAL AU GENRE LITTÉRAIRE

Au commencement était la Blague. Et en effet toutes les histoires s'approfondissent en fables. Tout commence invariablement par des contes. La genèse, l'exposition du système du monde : naissance dans un chou.

Valéry, *Autres Rhumbs.*

Comme *L'Iliade, L'Odyssée* et les chansons de geste, les fables sont, à l'origine, des récits oraux. À travers une histoire mettant en scène le plus souvent des animaux ou des plantes, elles transmettent une vision du monde et un enseignement moral. Il est probable que c'est en Orient, où nombre de populations croient à la métempsychose, qu'elles sont nées.

Ésope et Phèdre : les modèles
•

Les premiers textes écrits sont d'origine assyro-babylonienne et datent du VIe siècle av. J.-C. : il s'agit de l'histoire d'Ahiqar, recueil d'apologues très courts qui ont inspiré Ésope le Phrygien, vivant à la même époque.

Avec lui, la fable passe en Occident (Ésope mourut à Delphes, en Grèce), et s'enrichit de nouveaux thèmes. Ésope est un esclave et trouve, par le détour de la fable, un moyen d'exprimer des vérités dérangeantes que sa condition ne lui permet pas de dire ouvertement.

Ses fables connaissent un très grand succès et sont régulièrement reprises dans l'Antiquité, entre autres par Démétrios de Phalère au IVe siècle av. J.-C., et par le poète grec Babrius au IIe siècle de notre ère.

Au Ier siècle, l'affranchi d'Auguste, Phèdre, Grec d'origine, écrit pour la première fois des fables en latin et en vers et invente de nouveaux sujets (123 fables en 5 livres).

Il vise à une élégance pure et concise [...] il a le premier montré que la fable est capable des tons les plus variés, depuis l'épigramme ou l'anecdote contemporaine jusqu'au drame et à la méditation morale, écrit J. Bayet (in *Littérature latine,* Colin).

Notons que ce second grand fabuliste qui prend la parole, est lui aussi un esclave, la fable, récit imaginaire, rendant possible la contestation du réel. Exposer une idée par le recours au « mensonge », telle est une des caractéristiques de la fable.

À cette époque, la fable devient à Rome un véritable genre littéraire auquel s'essaient d'autres écrivains comme Horace *qui place de petites fables dans ses satires et ses épîtres,* et Aulu-Gelle. Plus tard, au IIe ou IIIe siècle, Avianus écrit un recueil de 42 fables.

La fable orientale
•

Dans le même temps, en Orient, est composé en sanscrit un recueil d'apologues : le *Panchatantra* ou *Les Cinq Livres*. Ce recueil est adapté en arabe au VIIIe siècle sous le titre de *Calila et Dimna* ou fables attribuées au brahmane Pilpay, auteur probablement fictif. Calila et Dimna sont deux chacals, symboles de la ruse, comme le Renard de notre fable.

Avec la conquête d'une partie de l'Occident par les Arabes, ces textes arrivent chez nous et sont traduits en latin au XIIIe siècle. D'autres recueils de fables orientales viennent s'ajouter à ceux-là : des fables du sage Locman et le Livre des 7 conseillers de Sinbad qui inspirera de nombreux fabliaux du Moyen Âge. La fable orientale se plaît à la peinture détaillée du monde animal qu'elle présente comme l'interprète de celui de l'homme.

La fable, véhicule de l'enseignement religieux
•

Or, au Moyen Âge, en Occident, la foi chrétienne qui est grande, se transmet par un enseignement très concret : on apprend sa religion en regardant les personnages et les animaux fabuleux représentés sur les vitraux, les fresques, les chapiteaux des édifices religieux ; on l'apprend aussi en écoutant les paraboles des sermons nourris de la Bible, Livre saint qui, lui aussi, nous vient de l'Orient, ou les fables qui illustrent souvent les conseils moraux des prédicateurs (au XIIIe siècle, le cardinal Jacques de Vitry constitue un recueil d'apologues dans ce but).

Les hommes pétris d'une telle culture ne peuvent qu'apprécier les récits venus d'Orient et les faire leurs.

La tradition orale est très vivante. Les moyens de se divertir n'étant pas ceux d'aujourd'hui, on aime se raconter des histoires, le soir, à la veillée. D'où le succès des Isopets qui sont des recueils de fables inspirés d'Ésope, écrits en langue vulgaire et adaptés aux mœurs du temps : on y voit, par exemple, un bœuf qui assiste à la messe, ou un loup qui jeûne en carême.

La fable : un exercice scolaire
•

Les fables d'Ésope et de Phèdre elles-mêmes continuent de vivre grâce à des compilations (assemblages) latines comme celle de Planude, moine byzantin du XIVe siècle, et de très nombreuses autres (Abstemius, Nevelet...). Phèdre et Ésope sont en effet devenus deux auteurs que l'on utilise dans les écoles pour l'enseignement du latin et du grec, pour celui de l'expression écrite et pour l'éducation morale.

C'est pourquoi on trouve naturellement des fables dans les œuvres de la plupart des écrivains du XIIe au XVIIe siècle : Marie de France, Rabelais, Marguerite de Navarre, Marot, etc. sans oublier, bien entendu, *Le Roman de Renart.*

Cependant, au XVIIe siècle, la fable est essentiellement un exercice d'école ; n'étant pas devenue un vrai genre littéraire, *elle est,* comme le dit très justement P. Bornecque, *menacée de disparaître dans notre littérature, lorsque se présente La Fontaine.*

LA FONTAINE, OU COMMENT ON DEVIENT FABULISTE

> [...] *On rencontre sa destinée*
> *Souvent par des chemins qu'on prend pour l'éviter*

écrit La Fontaine à la fin de *L'Horoscope,* parfaitement conscient, alors, de son cheminement.

En effet, ce n'est qu'à 47 ans qu'il se décide à publier son premier recueil de *Fables* (1668). Et pourtant, dès sa plus tendre enfance, comme tous les écoliers de son temps, il a lu, appris, expliqué, imité les fables d'Ésope et de Phèdre et toutes celles que lui proposaient les «manuels scolaires».

Riche d'une telle culture, il ne peut envisager, cependant, qu'on puisse devenir célèbre en écrivant des fables.

La découverte d'un style
•

Curieux de tout, il est très heureux de ne pas être interne au collège pour pouvoir lire autre chose que les auteurs du programme : c'est ainsi qu'il découvre les romans qui ont alors du succès, comme *L'Astrée* d'Honoré D'Urfé (1624), et plus tard *Le Grand Cyrus* (1649) de Mlle de Scudéry. Il est amusant de noter qu'il retrouve Ésope au détour de ce dernier roman, un Ésope très sympathique qui défend le couple, héros de cette histoire. Il y retrouve aussi des apologues (voir p. 182) traditionnels *Le Rat de Ville et le Rat des Champs, Les Grenouilles qui demandent un roi,* etc., sujets qui figureront dans les recueils des fables, et d'autres contenant une satire politique ne pouvant s'exprimer que clandestinement. Il s'imprègne enfin d'un style fait de *cette espèce de galanterie [...] qui se mesle mesme quelquefois aux choses les plus sérieuses, et qui donne un charme inexplicable [...] à tout ce que l'on dit (Grand Cyrus,* tome XX). À cette «galanterie» fera écho la «Gaieté», quelques années plus tard, dans la préface du premier recueil.

Les autres sources d'inspiration
•

Par ailleurs, La Fontaine est féru de littérature italienne :
> *Je chéris l'Arioste et j'estime Le Tasse ;*
> *Plein de Machiavel, entêté de Boccace,*
> *J'en parle si souvent qu'on en est étourdi ;*
> *J'en lis qui sont du Nord et qui sont du Midi*

écrira-t-il dans une lettre à Huet.
Ces auteurs lui donnent le goût des dissonances et des ruptures de ton burlesques que l'on retrouvera dans les fables.
Par ailleurs il a certainement eu en main les superbes livres d'Emblèmes (voir p. 6) d'Alciat et ceux de Menestrier qui, associant l'image au texte, parlent autant à la sensibilité qu'à l'intelligence, un peu comme les fables.

L'influence de Foucquet et la naissance du fabuliste
•

Travaillant pour Foucquet, il a l'occasion d'assouvir sa curiosité en feuilletant les nombreux ouvrages magnifiquement illustrés de la très riche bibliothèque du ministre, comportant sans doute des livres de physiognomonie (art de connaître le caractère d'après l'examen des traits physiques) alors très en vogue : on prêtait aux animaux, d'après leur physique, des qualités et des défauts, qu'on s'amusait à retrouver chez les hommes (il a une tête de renard : c'est un hypocrite).
Parmi ses nombreux projets, Foucquet envisage de réaliser un labyrinthe de verdure, orné de fontaines de plomb coloré, reproduisant des sujets des fables d'Ésope, et il demande sans doute à La Fontaine de rédiger les textes versifiés qui illustreront ces sujets. On peut penser que La Fontaine s'apprête alors à écrire un premier ensemble de fables quand surviennent la disgrâce et l'emprisonnement de son protecteur.
Profondément attaché à Foucquet auquel il reste fidèle, il songe alors que la fable n'est pas seulement un récit où interviennent les animaux pour nous enseigner une morale, mais aussi *une arme contre les excès de l'arbitraire d'un pouvoir tyrannique.*[1]
Cette disgrâce et la révolte contre le roi et Colbert qui en résulte, donnent naissance au fabuliste.
Le premier recueil qu'il publie en 1668 est encore très influencé par Ésope, Phèdre et leurs imitateurs étudiés au collège, mais d'autres lectures faites par la suite comme celle du *Livre des Lumières* et de la *Conduite des Rois* de Pilpay, des

---

1. J.-P. Collinet, *La Fontaine en amont ou en aval*, Goliardica, Pise, 1988.

entretiens avec des écrivains – La Rochefoucauld –, des philosophes et des savants, l'expérience acquise par son travail d'écrivain, donnent au second recueil un ton différent, plus grave.

SYNTHÈSE DES SOURCES LITTÉRAIRES

Les huit sources des 240 fables[1]

•

Sources	L. I-VI	L. VII-XII	L. XII	TOTAL
1. Ésope, Phèdre et leurs imitateurs	114	43	9	166
2. L'Orient : Pilpay, etc............	1	16	1	18
3. Douze écrivains	1	9	5	15
4. L'Antiquité grecque et latine.....	1	4	8	13
5. Inconnue : sans doute imaginée par La Fontaine	1	8	3	12
6. Conteurs.....................	1	5	2	8
7. Fait divers de l'époque	1	2	1	4
8. Fabulistes italiens	4			4
	124	87	29	240

Principales publications de fables au temps de La Fontaine

•

Enfin, la liste suivante confirme, si besoin en était, que la fable, jusqu'en 1668, est moins un genre littéraire qu'un outil pédagogique : en effet, les principales publications de fables (seconde moitié du xvie siècle, première moitié du xviie siècle) sont essentiellement des traductions de textes anciens, grecs, latins, orientaux destinés le plus souvent à l'éducation des jeunes enfants (nous signalons en gras les titres dont La Fontaine s'est le plus « inspiré »).

1547 : Haudent, *366 apologues d'Ésope traduits en rimes françaises* (superbe recueil illustré).
1563 : Faerne, *Cent fables en vers latins* (très belles illustrations).

---

1. D'après P. Bornecque, *La Fontaine fabuliste*, Sedes, Paris, 1983.

1567 : Gheraerts, *De Warachtighe Fabulem* (magnifiquement illustré).

1572 : Abstemius, *Cent fables en vers latins*.

1576 : Baïf, *Mimes, enseignement et proverbes*.

1595 : Romain, *Fables d'Ésope et d'autres en rimes françaises*.

1596 : Pithou, première publication des *Fables* de Phèdre.

1606 : Verdizotti, *Cento favole morali*.

1610 : Nevelet, *Mythologia Æsopica* (toutes les fables d'Ésope, Aphtonius, Babrius, Abstémius) ; ce sera un des principaux outils pédagogiques d'alors.

1610 : Audin, *Les Fables héroïques*.

1617 : Rigault, *Les Fables de Phèdre*.

1629 : Meslier, principal du collège de Laon, publie pour les écoles : *Fabulae gallicae, latinae, graecae*.

1631 : Baudouin, *Fables d'Ésope le Phrygien illustrées de discours moraux*.

1641 : Meslier, réimpression.

1643 : Régnier, *Apologi Phaedri*.

1644 : Gaulmin (orientaliste), *Le Livre des Lumières et de la conduite des Rois composé par le sage indien Bidpaï ou Pilpay et traduit en français par David Sahid*.

1646 : Millot (professeur), *Les Fables d'Ésope pour les écoles*.

1647 : Le Maître de Sacy, *Les Fables de Phèdre pour Port-Royal et ses petites écoles*.

1648 : Nevelet, réimpression.

1649 : Baudouin, réimpression.

1650 : Meslier, réimpression.

1651 : Ogilby illustre superbement une très luxueuse édition des *Fables* d'Ésope.

1652 : Ménage, *Fabulae Æsopica et Miscillanés*.

1659 : RDF ou Roger Trichet du Fresne, *Figures diverses tirées des Fables d'Ésope*.

1659 : Patru, *Lettres à Olinde avec quelques fables*.

1659 : Baudouin, réimpression.

1660 : Nevelet, réimpression.

1666 : Poussines : *Specimen sapientiae Indorum veterum* (adaptation du *Panchatantra*).

1668 : La Fontaine, *Fables choisies mises en vers* (illustrées par Chauveau).

AU XVIIe SIÈCLE : LA CONSÉCRATION

Les témoignages d'admiration à la parution des *Fables*
•

> *Faites-vous envoyer promptement les* Fables *de La Fontaine : elles sont divines. On croit d'abord en distinguer quelques-unes, et, à force de les relire, on les trouve toutes bonnes. C'est une manière de narrer et un style à quoi l'on ne s'accoutume point.*
>
> Mme de Sévigné, *Lettre à Bussy*, 20 juillet 1679.

> *Un auteur plus égal que Marot et plus poète que Voiture a le jeu, le tour et la naïveté de tous les deux : il instruit en badinant, persuade aux hommes la vertu par l'organe des bêtes, élève les petits sujets jusqu'au sublime : homme unique dans son genre d'écrire ; toujours original, soit qu'il invente, soit qu'il traduise ; qui a été au-delà de ses modèles, modèle lui-même difficile à imiter.*
>
> La Bruyère, *Discours de réception à l'Académie*, 15 juin 1693.

À la mort de La Fontaine
•

Cette admiration est devenue une véritable vénération qui s'adresse aussi bien à l'homme qu'au fabuliste.

> *Le 13 avril 1695 mourut à Paris mon très cher et très fidèle ami M. de La Fontaine... Dieu, par sa miséricorde, le veuille mettre en son saint repos ! C'était l'âme la plus sincère et la plus candide que j'aie jamais connue ; jamais de déguisement ; je ne sais s'il a menti en sa vie. C'était au reste un très bel esprit, capable de tout ce qu'il voulait entreprendre. Ses fables, au sentiment des plus habiles, ne mourront jamais et lui feront honneur dans toute la postérité.*
>
> Maucroix, *Journal personnel*, 1695.

> *Le plus bel ouvrage de La Fontaine, et qui vivra éternellement, c'est son recueil des fables d'Ésope, qu'il a traduites et paraphrasées...*
>
> *Jamais personne n'a mieux mérité d'être regardé comme original et comme le premier en son espèce. Non seulement il a inventé le genre de poésie où il s'est appliqué, mais il l'a porté à sa dernière perfection ; de sorte qu'il est le premier, et pour l'avoir inventé, et pour y avoir tellement excellé que personne ne pourra jamais avoir que la seconde place dans ce genre d'écrire. Les bonnes choses qu'il faisait lui coûtaient peu parce qu'elles coulaient de source et qu'il ne faisait presque autre chose que d'exprimer naturellement ses propres pensées et se peindre lui-même...*
>
> Perrault, *Les Hommes illustres*, 1696, tome I.

Hélas ! il n'est plus, cet homme enjoué, le nouvel Ésope, supérieur à Phèdre dans la qualité de son badinage ! Grâce à lui les bêtes douées de la parole enseignèrent au genre humain la sagesse ! Hélas ! La Fontaine est mort ! O douleur ! Avec lui sont morts les Jeux malicieux, les Ris folâtres, les Grâces élégantes, les doctes Muses. Pleurez, vous qui aimez le naïf enjouement, la nature nue et simple, l'élégance sans apprêt et sans fard. À lui, à lui seul, les doctes ont permis la négligence. À un style plus poli, combien chez lui se montre supérieure cette belle négligence !... Mais ne plaçons pas La Fontaine, comme le voudrait l'ordre des temps, parmi les modernes, mais, pour les agréments de son esprit, au rang des anciens. Ne nous en crois-tu pas, lecteur ? Ouvre son livre. C'est Anacréon qui se joue, c'est Horace... qui chante sur cette lyre. C'est Térence lorsqu'il fait dans ces comédies la peinture vivante des mœurs et du caractère des hommes. La douceur et l'élégance de Virgile respirent dans ce petit ouvrage. Oh ! quand les favoris de Mercure égaleront-ils jamais l'éloquence de ces personnages à quatre pattes ?

Fénelon, *Version latine donnée au duc de Bourgogne à propos de la mort de La Fontaine*, 1695.

AU XVIIIᵉ SIÈCLE : DES DISCORDANCES

Les critiques font encore la part très belle au poète : on loue l'originalité de son talent.

Un talent incontesté
•

La Fontaine nous tient lieu d'Ésope, de Phèdre et de Pilpaï. Il a choisi ce qu'il a trouvé de meilleur dans les trois ; et s'enrichissant encore de ce qu'il a pu recueillir de pareilles allégories éparses de côté et d'autre, il nous a donné cet ample Recueil de Fables, qui fait tant d'honneur à la poésie française ; car, quoi qu'il en dise, ce qu'il nous a laissé à glaner n'en vaut presque pas la peine, et il a réduit les auteurs qui voudraient le suivre dans son genre à la nécessité d'inventer ou de traiter les mêmes sujets que lui. Traiter les mêmes sujets, pour ne pas mieux faire ! Eh ! qui espèrerait de mieux faire ? c'est du temps perdu.

Houdart de la Mothe, *Fables nouvelles avec un discours sur la Fable*, 1719, LII-LV.

[...] La Mothe dans un style travaillé et plein d'esprit, a traité des sujets presque tous nouveaux et ingénieusement inventés ; La Fontaine avant lui s'était contenté de rhabiller à sa mode, et avec une espèce de négligence, d'anciens sujets connus de tous les

*enfants. L'ouvrage de l'esprit n'a point vécu ; celui du génie mettra
toujours La Fontaine au nombre de nos plus illustres poètes. On
est surpris que Boileau ne l'ait jamais nommé : il m'en a dit la
raison ; il ne regardait pas La Fontaine comme original, parce que,
me dit-il, il n'était créateur ni de ses sujets, ni de son style, qu'il
avait pris dans Marot et dans Rabelais... La Fontaine s'en avouait
le disciple... et il ajoutait : « Voilà bien des maîtres pour un écolier
de mon âge. » Malgré son aveu et le sentiment de Boileau, je crois
qu'un pareil écolier sera toujours regardé parmi nous comme un
grand maître, et que dans la lecture de Marot et de Rabelais il s'est
formé un style qui n'appartient qu'à lui, et le rend original.*

Louis Racine, Réflexions sur la poésie, XI,
Œuvres, 1747, IV (194-195).

On apprécie la simplicité, le naturel, le tact d'un art qui sait se
faire oublier :

> *Il serait superflu de s'arrêter à louer l'harmonie variée et légère de
> ses vers ; la grâce, le tour, l'élégance, les charmes naïfs de son style
> et de son badinage. Je remarquerai seulement que le bon sens et la
> simplicité sont les caractères dominants de ses écrits. Il est bon
> d'opposer un tel exemple à ceux qui cherchent la grâce et le
> brillant hors de la raison et de la nature. La simplicité de La
> Fontaine donne la grâce à son bon sens et son bon sens rend sa
> simplicité piquante : de sorte que le brillant de ses ouvrages naît
> peut-être essentiellement de ces deux sources réunies.*
> Vauvenargues, *Réflexions critiques sur quelques poètes*, 1746.

> *Si ses lecteurs, séduits par la facilité de ses vers, refusent d'y
> reconnaître les soins d'un art attentif, c'est précisément ce qu'il a
> désiré. Nier son travail, c'est lui en assurer la plus belle
> récompense. Ô La Fontaine ! Ta gloire en est plus grande ; le
> triomphe de l'art est d'être ainsi méconnu.*
> Chamfort, *Éloge de La Fontaine*, 1774.

La voix des philosophes
•

Mais les philosophes se montrent plus réservés, notamment
Voltaire qui trouve La Fontaine *bien moins châtié dans son style,
bien moins correct dans son langage* que les grands écrivains du
XVIIe siècle. Par ailleurs, Rousseau s'intéresse moins au poète
qu'au moraliste et conteste dans l'*Émile* la valeur éducative des
Fables.

> *On fait apprendre les fables de La Fontaine à tous les enfants, et il
> n'y en a pas un seul qui les entende. Quand ils les entendraient, ce
> serait encore pis ; car la morale en est tellement mêlée et si*

À PROPOS DE L'ŒUVRE

disproportionnée à leur âge qu'elle les porterait plus au vice qu'à la vertu...

[...] Composons, Monsieur de La Fontaine. Je promets, quant à moi, de vous lire avec choix, de vous aimer, de m'instruire dans vos fables; car j'espère ne pas me tromper sur leur objet : mais pour mon élève, permettez que je ne lui en laisse pas étudier une seule jusqu'à ce que vous m'ayez prouvé qu'il est bon pour lui d'apprendre des choses dont il ne comprendra pas le quart; que dans celles qu'il pourra comprendre il ne prendra jamais le change, et qu'au lieu de se corriger sur la dupe, il ne se formera pas sur le fripon.

Rousseau, *Émile*, livre II, 1762.

AU XIXᵉ SIÈCLE : LA QUERELLE

Un moraliste cynique

•

Le problème de la valeur morale des *Fables,* soulevé par Rousseau, est repris tout au long du siècle. Ainsi Lamartine ou le critique A. Vinet ne voient dans La Fontaine qu'un moraliste cynique.

D'ailleurs ces histoires d'animaux qui parlent, qui se font des leçons, qui se moquent les uns des autres, qui sont égoïstes, railleurs, avares, sans pitié, sans amitié, plus méchants que nous, me soulevaient le cœur. Les fables de La Fontaine sont plutôt la philosophie dure, froide et égoïste d'un vieillard que la philosophie aimante, généreuse, naïve et bonne d'un enfant : c'est du fiel, ce n'est pas du lait pour les lèvres et le cœur de cet âge. Ce livre me répugnait : je ne savais pas pourquoi. Je l'ai su depuis : c'est qu'il n'est pas bon. Comment le livre serait-il bon ? L'homme ne l'était pas... La Fontaine était un philosophe de beaucoup d'esprit, mais un philosophe cynique.

Lamartine, préface des *Premières Méditations*, éd. de 1849.

Dans la morale de La Fontaine, l'élément vraiment moral, le sentiment du devoir est précisément ce qui fait défaut. Les fables qui composent la majeure partie de son recueil, et où l'intention satirique est moins prononcée, offrent des directions pour la conduite de la vie; mais ce n'est pas la vertu, c'est la prudence qu'elles enseignent.

Alexandre Vinet, *Poètes du siècle de Louis XIV*, 1861.

Lamartine, il est vrai, n'est pas ému par la poésie de La Fontaine :

On me faisait bien apprendre par cœur quelques fables de La Fon-

taine ; mais ces vers boiteux, disloqués, inégaux, sans symétrie, ni dans l'oreille ni sur la page, me rebutaient.

Lamartine, *op. cit.*

Un poète universel

•

Bien des choses auront vécu
Quand nos enfants liront encore
Ce que le Bonhomme a conté,
Fleur de sagesse et de gaieté...

Musset, *Silvia*, 1839.

Cette fusion intime de tous les rythmes, où le vêtement de la pensée change avec la pensée elle-même [...], c'est le dernier mot de l'art le plus savant et le plus compliqué, et la seule vue de difficultés pareilles donne le vertige.

Banville, *Petit traité de poésie française*, 1872.

Chateaubriand met le fabuliste au même rang d'importance que Molière et le célèbre comme un dieu de la littérature.

La Fontaine et Molière sont mes dieux. Les fables de Jean sont de deux espèces : les unes offrant la comédie de mœurs des animaux. Le Lion, l'Ours, le Loup, le Renard, l'Âne, le Cheval, le Chat, le Coq, le Hibou, le Rat, etc., sont des personnages vivants peints d'après nature et peints bien autrement que par des naturalistes. Les autres fables sont ce que j'appelle les grandes fables ; dans le Chêne et le Roseau, dans l'Homme et la Couleuvre, dans le Vieillard et les Trois Jeunes Hommes, il s'élève à la plus haute poésie et rivalise avec les plus grands poètes anciens et modernes. Je ne puis finir quand je parle de Jean. Sa réputation, certes, est immense et populaire ; eh bien ! je soutiens qu'on ne le connaît pas encore et que peu d'hommes savent ce qu'il vaut...

Chateaubriand, *Lettre à M. Feuillet de Conches*,
29 septembre 1836.

Balzac écrira, en 1847 :

Sans la divine fable de La Fontaine, cette esquisse aurait eu pour titre : Les deux amis. Mais n'eût-ce pas été comme... une profanation ?

Balzac, préface au *Cousin Pons*, 1847.

Car ces écrivains sont sensibles à l'originalité du talent du poète qui transforme la fable en un cadre universel où vient prendre place toute la société du XVIIe siècle. C'est pourquoi Taine parle de La Fontaine comme d'un nouvel Homère.

C'est La Fontaine qui est notre Homère. Car d'abord il est universel comme Homère : hommes, dieux, animaux, paysages, la nature éternelle et la société du temps, tout est dans son petit livre.

> *Les paysans s'y trouvent, et à côté d'eux les rois, les villageoises*
> *auprès des grandes dames, chacun dans sa condition, avec ses*
> *sentiments et son langage, sans qu'aucun des détails de la vie*
> *humaine, trivial ou sublime, en soit écarté pour réduire le récit à*
> *quelque ton uniforme ou soutenu. Et, néanmoins, ce récit est idéal*
> *comme celui d'Homère. Les personnages y sont généreux ; dans les*
> *circonstances particulières et personnelles, on aperçoit les diverses*
> *conditions et les passions maîtresses de la vie humaine, le roi, le*
> *noble, le pauvre, l'ambitieux, l'amoureux, l'avare, promenés à*
> *travers les grands événements, la mort, la captivité, la ruine ; nulle*
> *part on ne tombe dans la platitude du roman réaliste et bourgeois.*
> *Mais aussi nulle part on n'est resserré dans les convenances de la*
> *littérature noble ; le ton est naturel ainsi que dans Homère.*
>
> Taine, *La Fontaine et ses fables*, chap. III, 1853.

Nouvel Homère, certes, mais un Homère français, voilà bien ce qui exalte le plus alors l'enthousiasme de la critique.

> *La France, à cette époque, produisit un poète auquel les autres*
> *nations, soit anciennes, soit modernes, n'en ont aucun à compa-*
> *rer ; nous parlons de La Fontaine, cette fleur des Gaules qui, dans*
> *l'arrière-saison, semble avoir recueilli tous les parfums du sol*
> *natal. Ailleurs, il eût langui sans se développer jamais. Il lui*
> *fallait pour s'épanouir l'air et le soleil de la terre féconde où*
> *naquirent Joinville, Marot et Rabelais. Par la correction, par la*
> *pureté de la forme il appartient au siècle poli dont il reçut*
> *l'influence directe ; par l'esprit, la pensée, il procède des siècles*
> *antérieurs, et en cela Molière se rapproche de lui.*
>
> La Mennais, *Esquisse d'une philosophie*, IX, 2, 1840.

Et Sainte-Beuve remercie La Fontaine :

> *d'avoir donné à ses tableaux des couleurs fidèles qui sentent pour*
> *ainsi dire le pays et le terroir.*
>
> Sainte-Beuve, *Lundis*, VII.

Ce qui fait hurler Rimbaud qui s'écrie :

> *Musset est quatorze fois exécrable pour nous. Tout est français,*
> *c'est-à-dire haïssable au suprême degré : français, pas parisien !*
> *Encore une œuvre de cet odieux génie qui a inspiré Rabelais,*
> *Voltaire, La Fontaine commenté par M. Taine.*

AU XXe SIÈCLE : L'INTERROGATION

Au XXe siècle, on s'interroge sur la pérennité de l'artiste, sur l'identité d'un homme qui continue à susciter bien des jugements contraires.

La perfection artistique
•

La critique est surtout frappée par la perfection artistique des *Fables*.

> *Est-il possible de découvrir tous les secrets d'un art si riche et si mystérieux dans ses applications variées ? Du moins, il est possible de reconnaître quelle est l'originalité du poète dans cette admirable création et de retrouver là comme ailleurs les mêmes qualités d'art pittoresque et de vérité. Car La Fontaine ne peint pas seulement par le choix des détails ou par la composition : il peint aussi par le choix et la combinaison des mesures et des vers, par l'harmonie, surtout par le mouvement des rythmes qui suit les contours de la réalité et se règle sur le mouvement même des sentiments.*

>   Ferdinand Gohin, *L'art de La Fontaine dans ses fables,*
>   Garnier, 1929.

Paul Valéry ne se lasse pas d'admirer le travail poétique qui a présidé à une telle perfection.

> *Prenons garde que la nonchalance ici est savante, la mollesse étudiée, la facilité, le comble de l'art. Quant à la naïveté, elle est nécessairement hors de cause : l'art et la pureté si soutenus excluent à mon regard toute paresse et toute bonhomie [...] Aucun rêveur n'est capable d'engendrer un chef-d'œuvre comme les Fables ou un long poème comme Adonis. En dépit des apparences, La Fontaine fut un artiste scrupuleux et attentif. N'allons plus croire que quelque amateur de jardins, un homme qui perd son temps comme il perd ses bas, à demi ahuri, à demi inspiré, un peu niais, un peu narquois, un peu sentencieux, dispensateur aux bestioles qui l'entourent d'une espèce de justice toute motivée de proverbes, puisse être l'auteur authentique d'Adonis... Même un fabuliste est loin de ressembler à ce distrait que nous formions distraitement naguère. Phèdre est tout élégances ; le La Fontaine des Fables est plein d'artifices. Il ne leur suffit pas, sous un arbre, d'avoir ouï la pie dans son babil, ni les rires ténébreux du corbeau, pour les faire parler si heureusement ; c'est qu'il y a un étrange abîme entre les discours que nous tiennent les oiseaux, les feuillages, les idées, et celui que nous leur prêtons : un intervalle inconcevable...*

>   Valéry, *Variété*, «Au sujet d'Adonis», Gallimard, 1924.

Francis Jammes est à ce point subjugué par l'œuvre de La Fontaine qu'il écrit toute une série de poèmes pour évoquer l'esprit et la vie de l'écrivain :

> *La Fontaine reçut du ciel ce nom chantant.*
> *En lui se produisit cette métamorphose*

Que d'homme qu'il était, comme Adonis la rose,
Il devint la fontaine au regard transparent.

Peintre et moraliste
•

Le XXe siècle a pris en effet conscience que si la fable de La Fontaine est le miroir de la société humaine, elle est aussi la toile de fond d'un tableau où le poète s'est peint, comme Perrault le remarquait déjà au XVIIe siècle (voir plus haut).

> *Ainsi est-il sans cesse présent dans cette œuvre dont la matière est étrangère. Il nous livre, chemin faisant, ses idées, mais aussi ses souvenirs et ses rêves. Comme Montaigne, il semble parfois ne rapporter ses lectures que pour se peindre par ce détour.*
>
> Pierre Clarac, *La Fontaine*, Hatier-Boivin, 1947.

Quant à la morale qu'on peut tirer de ces *Fables*, après avoir rejeté dans le ridicule les commentaires des critiques du XIXe siècle à son sujet, A. Adam développe un point de vue beaucoup plus nuancé, distinguant le premier et le second recueil :

> *La morale même des* Fables *de 1668 reste presque toujours celle de la tradition. Ne parlons pas d'égoïsme et de sécheresse. N'incriminons ni le peuple français, ni les Champenois, ni l'auteur. N'allons pas reprocher à La Fontaine d'avoir écrit que la raison du plus fort est toujours la meilleure. Ne disons pas non plus, comme on fait si souvent, qu'il se borne à constater comment les choses se passent sous ses yeux. L'excuse serait misérable. La vérité toute simple, c'est que La Fontaine met en vers la morale d'Ésope. Morale des petits paysans de l'Attique, penchés sur un sol maigre et durement rançonnés par les maîtres de la terre. Ils sont économes et méfiants, toujours prêts à soupçonner une ruse chez l'homme qui leur parle. Ils n'aiment pas les riches, les puissants. Ils savent qu'ils n'ont rien de bon à en attendre. Mais ils sont résignés, et l'expérience leur enseigne que le plus fort a toujours le dernier mot. De ces vues sans illusion, ils ont tiré une morale. Ne point nourrir de chimères, ne point viser au-delà du possible, se contenter de son sort. Dans ce monde si parfaitement dépourvu de bonté, considérer à première vue tout homme comme un ennemi probable, rester sur ses gardes, ne jamais faire de concessions aux méchants, et, quand on le peut, tromper soi-même le trompeur : une des rares joies qui restent à ces malheureux éternellement exploités.*
>
> [Dans le second recueil au contraire, La Fontaine s'écarte souvent des leçons d'Ésope pour proposer à ses lecteurs sa morale personnelle :]

190

La morale de La Fontaine, comme celle de Gassendi, réclame de hautes vertus, la lucidité, le courage et cette sorte d'abnégation qui interdit de frémir devant la destruction finale. La Mort et le Mourant, où s'entend un écho de Montaigne, aboutit à une méditation d'une admirable noblesse. Et ce courage n'est pas l'insensibilité. L'amitié anime et embellit l'existence du sage. Il se pourrait même que nul poète français n'ait mieux parlé de l'amitié que ce prétendu égoïste [...]

Nous sommes loin de la dure sagesse d'Ésope. Nous entendons maintenant parler un homme dont la sereine lucidité s'applique à découvrir le sens de l'univers et le sens de sa propre vie. Il a cette maîtrise qui lui permet de nous entretenir de soi en des termes qui nous émeuvent parce que nous nous retrouvons en lui. L'admirable mouvement par où s'achèvent Les Deux Pigeons en est l'exemple : réflexions d'un homme au seuil de la vieillesse, qui fait retour sur son passé, sur une vie dont l'amour a fait les plus grandes joies. Cette mélancolie si étroitement associée au courage, cette fermeté qui n'exclut pas la tristesse des regrets, font l'honneur du poète et de la société pour laquelle il écrivait.

Antoine Adam, *Histoire de la littérature française au XVIIe siècle*, IV, Domat-Del Duca, 1954.

Les détracteurs
•

Il n'en demeure pas moins vrai que le poète continue d'avoir ses détracteurs. Ainsi le poète Paul Éluard :

La Fontaine plaide, dans ses fables, pour le droit du plus fort ; il en fait une morale et, pour prouver, il joue très habilement de son ignorance, de son faux bon sens. Il refuse cyniquement à voir plus loin que la perfection de l'ombre animale. Éloignons-le des rives de l'espérance humaine.

La Fontaine remplace l'héroïsme par la prudence, la générosité par l'économie, la franchise par la ruse, l'enthousiasme par le scepticisme, l'espoir par la résignation. Et s'il a exalté l'amour dans Les Deux Pigeons, en combien d'occasions ne l'a-t-il pas rabaissé dans d'autres fables et dans ses contes ?

Je suis contre tout art d'imitation littérale. La Fontaine a copié Ésope, Phèdre, Horace, Aulu-Gelle, etc.

Éluard, *Première Anthologie vivante de la poésie du passé*, préface, in *Œuvres complètes*, La Pléiade, tome II, Gallimard, 1968.

Ou l'humoriste Pierre Desproges :

Avec cet effroyable cynisme d'emperruqué qui le caractérise, La Fontaine n'hésita pas à puiser largement dans les ysopets des autres pour les parodier grossièrement et les signer de son nom.

191

Grâce à quoi, de nos jours encore, ce cuistre indélicat passe encore pour un authentique poète, voire pour un fin moraliste, alors qu'il ne fut qu'un pilleur d'idées sans scrupule.

Pierre Desproges, *Dictionnaire superflu à l'usage de l'élite et des biens nantis*, Seuil, 1985.

Un poète insaisissable
●

Son œuvre déborde toutes les définitions qu'on en a pu donner. Elle demeure pour ceux qui l'ont explorée avec le plus de soin [...] un monde toujours beau, / Toujours divers, toujours nouveau. Lui-même, après tant d'années passées en sa compagnie, puis-je me flatter de le mieux connaître ? Il est obligeant, amical, prêt, semble-t-il, aux confidences. Tout paraît clair dans ses yeux bleus, dans la simplicité enjouée de ses propos, jusque dans ses distractions et ses absences. On croit le sentir près de soi. Mais ce Protée, sans cesse, échappe à nos prises. Avec La Fontaine, il est impossible de conclure.

Pierre Clarac, *La Fontaine par lui-même*, Seuil, 1961.

Portrait de Marie Héricart, femme de La Fontaine, dessiné par Sandoz et gravé par Desvachez (collection Hachette).

Le Roi
•

Il s'agit, bien sûr, de Louis XIV, le plus souvent représenté par le lion (cf. *Les Animaux malades de la peste*, VII, 1).
Censé détenir sa puissance de Dieu, il pense pouvoir disposer souverainement des biens, de la liberté, de la vie même de ses sujets. Cette idée est développée dans ses *Mémoires rédigés pour l'éducation du Dauphin* : « *Toute puissance, toute autorité résident dans la main du roi et il ne peut y en avoir d'autre dans le royaume que celle qu'il y établit. [...] Tout ce qui se trouve dans l'étendue de nos États, de quelque nature que ce soit, nous appartient au même titre. [...] La volonté* [de Dieu] *est que quiconque est né obéisse sans discernement. [...] L'assujettissement qui met le souverain dans la nécessité de prendre la loi de ses peuples est la dernière calamité où puisse tomber un homme de notre rang. [...] Il faut demeurer d'accord que, quelque mauvais que puisse être un prince, la révolte de ses sujets est toujours infiniment criminelle.* »

Le courtisan[1]
•

Il ne peut être qu'un habile flatteur, comme le renard ou le loup dans *Les Animaux malades de la peste* (VII, 1).
En effet, pour éviter à nouveau des révoltes comme celles qu'il a connues au moment de la Fronde (1648-1652), le Roi retient auprès de lui sa noblesse par un procédé infaillible, la distribution des faveurs. Le noble se trouve ainsi réduit à l'état de courtisan c'est-à-dire de véritable domestique à l'exemple du grand Condé, le premier prince du sang, qui n'aurait pas manqué d'accompagner le Roi à Fontainebleau pour le servir à table. L'ensemble des gens employés pour la table du Roi compte d'ailleurs 498 personnes, toutes nobles, du porteur de pain au garde-vaisselle.
Loin de se sentir avili par de tels services, le courtisan, quand il ne les remplit pas, rêve de les obtenir : il attend comme une faveur rare le soir, après le jeu de cartes, que le Roi le désigne pour lui porter son bougeoir, lorsqu'il gagne sa chambre à l'heure du coucher. Un Italien, Primi Visconti, à l'occasion d'un séjour à la cour de France, a bien remarqué cet empressement servile : « *La passion des courtisans pour se faire remarquer par le Roi est incroyable ; lorsque le Roi daigne tourner un regard vers quelqu'un d'entre eux, celui qui en est l'objet croit sa fortune*

---

1. Au sens propre : le noble qui vit à la Cour.

faite et s'en vante avec les autres en disant : "Le Roi m'a regardé".
Le Roi est un malin! Que de monde il paie avec un regard!» (in
Mémoires de la cour de Louis XIV.)

Le paysan
•

Mis à part quelques petits propriétaires qui vivent dans une
certaine aisance (cf. *Le Laboureur et ses Enfants*, V, 9), la
grande majorité des paysans n'a pas de terre et connaît des
conditions de vie difficiles (cf. *La Mort et le Bûcheron*, I, 16 ; *La
Laitière et le pot au lait*, VII, 10). Mal vêtus, souvent pieds nus,
ne mangeant pas toujours à leur faim (la viande est un mets
rare, cf. *La Colombe et la Fourmi*, II, 12), ils doivent travailler
très dur pour survivre. Dans les années de mauvaises récoltes,
ils ne peuvent faire face aux impôts qui les accablent et c'est
tout de suite la misère (cf. *Le Loup et le Chien*, I, 5) comme en
témoigne La Bruyère : *«L'on voit certains animaux farouches,
des mâles et des femelles, répandus par la campagne, noirs, livides,
et tout brûlés du soleil, attachés à la terre qu'ils fouillent et qu'ils
remuent avec une opiniâtreté invincible. Ils ont comme une voix
articulée, et quand ils se lèvent sur leurs pieds, ils montrent une
face humaine, et en effet ils sont des hommes. Ils se retirent la nuit
dans des tanières, où ils vivent de pain noir, d'eau et de racines. Ils
épargnent aux autres hommes la peine de semer, de labourer et de
recueillir pour vivre, et méritent ainsi de ne pas manquer de ce
pain qu'ils ont semé.»* (in *Caractères*, «De l'Homme»).
Pour compléter cette esquisse, il convient de rappeler que la
société est divisée en trois ordres : noblesse, clergé, tiers état.
Le roi et le courtisan appartiennent, bien sûr, à la noblesse ; le
paysan, au tiers état, qui compte aussi une bourgeoisie active et
très diversifiée, celle des médecins, avocats, écrivains... (cf. *Les
Médecins ; Le Savetier et le Financier ; Le Chat, la Belette et le petit
Lapin*). Étrangement, le clergé est presque absent des *Fables*,
alors que le rôle de l'Église est prépondérant à cette époque.

La fable est de tous les temps, la fable est de tous les pays. Quelques exemples vous en sont donnés ici ; nous les complétons de questions ponctuelles, en plus du travail suivant que nous vous recommandons pour l'ensemble des extraits.

> 1. Lisez-les puis, pour chaque fable :
> – colorez sur une carte le pays où elle a été écrite ;
> – relevez les ressemblances avec le texte de La Fontaine (situation, personnages, moralité, style) ;
> – relevez les différences avec le texte de La Fontaine (situation, personnages, moralité, style).
> 2. En quoi peut-on dire que chaque texte, tout en étant particulier a, en même temps, une portée universelle ?

PARCOURS THÉMATIQUE

LA FABLE AVANT LA FONTAINE

Dans l'Antiquité
•

Ésope : *La Fourmi et la Colombe*

> *Une fourmi assoiffée était descendue à une source ; emportée par le courant, elle était en train de s'étouffer. Une colombe qui avait vu l'accident, arracha d'un arbre une petite branche et la jeta dans la source ; la fourmi monta dessus et fut sauvée. Or, à la suite de cela, il se trouva un oiseleur qui, après avoir ajusté ses roseaux se préparait à prendre la colombe. Mais la fourmi vit la scène et mordit l'oiseleur au pied. Sous le coup de la douleur, celui-ci jeta les roseaux et fit fuir la colombe.*
> *L'histoire montre qu'il faut payer de retour ceux qui vous ont fait du bien.*

Traduction de Marie-Françoise Fradet.

> Comparez le texte d'Ésope à celui de La Fontaine phrase par phrase : vous prendrez conscience du travail de La Fontaine, en relevant toutes les invraisemblances qui se trouvent chez Ésope et en notant comment La Fontaine les a supprimées.

Li Tsé est le nom d'un recueil chinois écrit il y a plus de 2 000 ans. Voici l'un de ces textes :

> *Un paysan perdit sa hache. Tout de suite, il soupçonna quelqu'un de la lui avoir volée : le fils d'un de ses voisins. Il se mit à l'observer et trouva au jeune homme une démarche, un son de voix, une expression étranges. Tout semblait révéler en lui, vraiment, les façons d'un voleur.*

195

Cependant il garda le silence, ne voulant pas accuser sans être sûr. Quelques jours plus tard, il retrouva sa hache ; il l'avait oubliée dans un ravin, quand il était allé couper du bois dans la montagne.

Alors, il se mit à observer de nouveau avec attention le fils de son voisin. La démarche du jeune homme, sa voix, son expression, lui semblèrent tout à fait normales. Rien ne semblait révéler en lui, vraiment, les façons d'un voleur.

Li Tsé

---

1. Dans quelle fable La Fontaine exprime-t-il une idée voisine ?
2. Trouvez dans l'actualité ou dans vos souvenirs une situation où le soupçon porté à tort sur une personne a eu, ou aurait pu avoir de graves conséquences. Décrivez-la, en exprimant vos réflexions.

Phèdre : *Le Loup et le Chien de garde*

Un loup et un chien de garde se rencontrèrent un soir de pleine lune. Le loup était maigre et affamé, le chien gras et poli.
« Comment se fait-il, mon ami, dit le loup, que vous vous portiez si bien et fassiez si bonne chère ? »
– Mais c'est très simple. Vous en auriez tout autant si vous daigniez faire le même travail que moi.
– Je suis prêt à faire n'importe quoi, reprit le loup, si je ne dois plus mourir de faim. Et en quoi consiste votre travail ?
– Je garde la maison de mon maître pendant la nuit et chasse tous les voleurs.
– Je pourrais en faire autant, dit le loup ; je m'en vais de ce pas vous accompagner et entrer en service.
Comme ils allaient de conserve, le loup remarqua quelque chose autour du cou de son compagnon qui l'intrigua : « Que portez-vous donc là ? » fit-il.
– Oh, ce n'est rien, dit le chien, c'est l'insigne de ma charge.
– Mais encore ? insista le loup.
– Ce n'est que le collier auquel on attache ma chaîne.
– Quoi, s'écria le loup, une chaîne ! N'êtes-vous donc pas libre ?
– À dire vrai, pas toujours, dit le chien. On m'attache parfois durant la journée. Mais la nuit je suis libre, et songez à tout ce que l'on me donne à manger !
– Grand merci, dit le loup, qui s'en allait déjà, je préfère vivre libre et affamé dans les bois plutôt qu'enchaîné et bien nourri.

Phèdre, *Fables*, traduction d'Hubert Royet, in
Les plus belles fables d'animaux, Paris, Flammarion, 1965.

Une autre source d'inspiration de La Fontaine est le *Panchatantra*, encore connu sous le nom de *Livre des Lumières ou Fables de Pilpay*, recueil de fables bouddhiques écrites en·sanscrit au IIIe siècle, puis traduites en persan, en arabe, en hébreu, et enfin, au XIIIe siècle, en latin.

PARCOURS THÉMATIQUE

La Corneille et le Flamant

Il y avait sur la route d'Oudchajini un figuier sur lequel vinrent nicher une corneille et un flamant. Par une chaude journée d'été, un voyageur qui venait à passer par là se sentit fatigué ; il posa son arc et ses flèches et s'étendit sous le figuier pour dormir un peu. Mais bientôt son visage ne fut plus à l'ombre. Lorsque le flamant qui était perché sur l'arbre vit les rayons brûlants du soleil sur la tête de l'homme, il fut pris de compassion : il déploya ses ailes et lui fit de l'ombre. Au bout d'un moment, tout content d'avoir fait un bon somme, le voyageur ouvrit la bouche. C'est alors que la corneille qui était une espiègle laissa tomber quelques brindilles piquantes dans la bouche de l'homme et s'envola. Le voyageur se leva d'un bond. Levant les yeux et ne voyant que le flamant, il le perça d'une flèche.

C'est pourquoi je dis : Il ne faut jamais lier son sort à celui d'une canaille.

Panchatantra, traduction d'Hubert Royet, op. cit.

---

1. De quelle fable de La Fontaine peut-on rapprocher ce texte ?
2. Justifiez le choix des personnages.
3. Choisissez d'autres personnages et inventez une histoire qui illustrera la même idée.

Au Moyen Âge
•

Les Mille et Une Nuits sont l'un des recueils les plus importants de contes orientaux qui, à la différence des textes de Pilpay, n'a aucune intention moralisatrice. Un roi, ayant perdu toute confiance dans les femmes, décide de passer chaque nuit avec une femme différente et de la faire décapiter le lendemain matin. Mais quand vient le tour de la belle et sage Shéhérazade, elle distrait le roi en lui racontant une merveilleuse histoire qu'elle a soin d'interrompre au moment le plus palpitant. Curieux de connaître la suite, le roi sursoit à l'exécution le lendemain, et il en sera ainsi pendant 1 001 nuits. Ces textes n'ont été connus en Occident qu'à partir de 1704, date de leur adaptation en français par A. Galland.

Le Moineau Présomptueux

On dit qu'un moineau vola un jour dans une bergerie. Tandis qu'il était posé là, un aigle fondit sur un agnelet et l'emporta dans ses serres. Quand le moineau vit cela il battit des ailes et s'écria : «Je veux en faire autant!» Car il était assez fat pour se juger l'égal de bien plus gros que lui.

Prenant son vol, il vint se poser sur le dos d'un gros bélier à toison pelucheuse et collante, car cet animal avait l'habitude de coucher dans de la boue épaisse et visqueuse. Quand le moineau fut sur le dos de l'animal, il se mit à battre des ailes, mais ses pattes se prirent dans la toison et, malgré tous ses efforts, il ne put pas se dégager. C'est alors que le berger furieux qui avait déjà vu ce qu'avait fait l'aigle, se rua sur le moineau, l'attrapa, lui arracha les plumes des ailes et lui lia les pattes avec un bout de ficelle. Puis il alla le jeter aux pieds de ses enfants.

«Qu'est-ce que c'est?» demanda l'un d'eux.

Le berger répondit : «C'est quelqu'un qui a voulu imiter une créature plus grosse que lui et qui a eu sujet de s'en repentir.»

Les Mille et Une Nuits, traduction d'Hubert Royet, *op. cit.*

Trouvez des fables de La Fontaine qui illustrent la même idée.

Dès le XIIe siècle, les auteurs du *Roman de Renart*, puisant dans le folklore du monde entier, dans les récits oraux des campagnes, dans les Isopets, dans les poèmes latins, ont écrit une épopée animale montrant le triomphe de l'astuce sur la force brutale, revanche du bourgeois et du peuple sur la noblesse. Ici, Tiecelin vient de voler un fromage et le déguste perché sur un arbre au-dessus de Renart, affamé.

Comment Tiecelin le corbeau prit un fromage à une vieille, et comment Renart le prit à Tiecelin.

Renart lève la tête et salue Tiecelin qu'il voit fièrement campé, le fromage dressé dans les pattes.

«Oui, je ne me trompe pas; oui, c'est damp Tiecelin. Que le bon Dieu vous protège, compère, vous et l'âme de votre père, le fameux chanteur! Personne autrefois, dit-on, ne chantoit mieux que lui en France. Vous-même, si je m'en souviens, vous faisiez aussi de la musique : ai-je rêvé que vous avez longtemps appris à jouer de l'orgue? Par ma foi, puisque j'ai le plaisir de vous rencontrer, vous consentirez bien, n'est-ce pas, à me dire une petite ritournelle.»

Ces paroles furent pour Tiecelin d'une grande douceur, car il avoit la prétention d'être le plus agréable musicien du monde. Il ouvre donc aussitôt la bouche et fait entendre un crah *prolongé.*

«Est-ce bien, cela, damp Renart?

– *Oui, dit l'autre, cela n'est pas mal ; mais, si vous vouliez, vous monteriez encore plus haut.*
– *Écoutez-moi donc.* »
Il fait alors un plus grand effort de gosier.
« *Votre voix est belle, dit Renart, mais elle seroit plus belle encore si vous ne mangiez pas tant de noix. Continuez pourtant, je vous prie.* »
L'autre, qui veut absolument emporter le prix du chant, s'oublie tellement que, pour mieux filer le son, il ouvre peu à peu les ongles et les doigts qui retenoient le fromage et le laisse tomber justement aux pieds de Renart.

[Renart essaie ensuite, par tromperie, d'attraper aussi Tiecelin pour le dévorer, mais le rate.]

Le Roman de Renart.

---

1. Sur quels sentiments Renart joue-t-il pour convaincre Tiecelin de chanter ?
2. Comparez avec La Fontaine.

Au XVIᵉ siècle
•

Pendant le Carême (temps de pénitence en mémoire des jours passés par Jésus dans le désert), il était interdit de manger de la viande sous peine d'être conduit en prison (avec le risque d'être torturé, voire brûlé). C'est ce qui est arrivé à Marot en 1526. Il écrit alors à son ami Léon Jamet (dont le prénom se prononçait lion) pour qu'il le fasse délivrer.

> [...] *Mais je te veux dire une belle fable,*
> *C'est à savoir du lion et du rat.*
> *Cestui lion, plus fort qu'un vieil verrat*[1]*,*
> *Vit une fois que le rat ne savait*
> *Sortir d'un lieu, pour autant qu'il avait*
> *Mangé le lard et la chair toute crue ;*
> *Mais ce lion (qui jamais ne fut grue*[2]*)*
> *Trouva moyen et manière et matière,*
> *D'ongles et dents, de rompre la ratière,*
> *Dont maître rat échappe vitement,*
> *Puis mit à terre un genou gentement,*

---

1. *verrat* : porc ou sanglier mâle.
2. *grue* : sot.

Et en ôtant son bonnet de la tête
A mercié mille fois la grande bête,
Jurant le dieu des souris et des rats
Qu'il lui rendrait. Maintenant tu verras
Le bon du conte. Il advint d'aventure
Que le lion, pour chercher sa pâture,
Saillit dehors sa caverne et son siège,
Dont, par malheur, se trouva pris au piège,
Et fut lié contre un ferme poteau.
Adonc le rat, sans serpe ne couteau,
Y arriva joyeux et ébaudi
Et du lion, pour vrai, ne s'est gaudi[1],
Mais dépita chats, chattes et chatons,
Et prisa fort rats, rates et ratons,
Dont il avait trouvé temps favorable
Pour secourir le lion secourable,
Auquel a dit : «Tais-toi, lion lié,
Par moi seras maintenant délié ;
Tu le vaux bien, car le cœur joli as ;
Bien y parut quand tu me délias ;
Secouru m'as fort lionneusement,
Or secouru seras rateusement. »
Lors le lion ses deux grands yeux vêtit[2],
Et vers le rat les tourna un petit[3]
En lui disant : «Ô pauvre verminière[4],
Tu n'as sur toi instrument ne manière,
Tu n'as couteau, serpe, ne serpillon
Qui sût couper corde ne cordillon,
Pour me jeter de cette étroite voie.
Va te cacher, que le chat ne te voie.
– Sire Lion, dit le fils de souris,
De ton propos, certes, je me souris.
J'ai des couteaux assez, ne te soucie,
De bel os blanc, plus tranchants qu'une scie ;
Leur gaine, c'est ma gencive et ma bouche ;
Bien couperont la corde qui te touche
De si très près, car j'y mettrai bon ordre. »
Lors sire rat va commencer à mordre
Ce gros lien ; vrai est qu'il y songea
Assez longtemps, mais il le vous rongea

---

1. *gaudi* : moqué.
2. *ses deux grands yeux vêtit* : de ses paupières.
3. *un petit* : un peu.
4. *verminière* : vermisseau, vermine.

PARCOURS THÉMATIQUE

Souvent, et tant, qu'à la parfin tout rompt ;
Et le lion de s'en aller fut prompt,
Disant en soi : « Nul plaisir, en effet,
Ne se perd point, quelque part où soit fait. »
Voilà le conte en termes rimassés :
Il est bien long, mais il est vieil assez,
Témoin Ésope et plus d'un million.
Or, viens me voir, pour faire le lion,
Et je mettrai peine, sens et étude
D'être le rat, exempt d'ingratitude :
J'entends, si Dieu te donne autant d'affaire[1]
Qu'au grand lion, ce qu'il ne veuille faire.

Clément Marot, Épître à son ami Léon Jamet.

Relevez, en les expliquant, les mots qui vous ont fait sourire.

LA FABLE APRÈS LA FONTAINE

Au XVIIe siècle

•

Benserade (1612-1691), auteur de pièces de théâtre et de
ballets de cour avec Lulli, académicien, fut chargé par le roi
d'adapter en quatrains les apologues d'Ésope pour accompagner les sculptures d'animaux qui formaient un labyrinthe dans
les jardins de Versailles. Fénelon, plus tard, y promènera son
royal élève le duc de Bourgogne, petit-fils de Louis XIV, pour
son éducation.

Le Loup et le Chien

Que tu me parois beau, dit le Loup au Limier,
Net, poli, gras, heureux et sans inquiétude !
Mais, qui te pele ainsi le col ? Mon collier.
Ton collier ? Fi des biens avec la servitude,

Dépendre dans les Fers du caprice d'un Maître,
Dure condition, disoit le Loup au Chien ;
        Il lui fit bien connoître,
Que sans la liberté, tout le reste n'est rien.

Le Pot de terre et le Pot de fer

Le Pot de fer nageoit auprès du Pot de terre,
L'un en Vaisseau Marchand, l'autre en Vaisseau de Guerre.

---

1. *affaire* : embarras.

L'un n'appréhendoit rien, l'autre avoit de l'effroi.
Et tous deux savoient bien pourquoi.

Ainsi mal-à-propos petit Prince se brise
Aux côtés d'un grand Roi.
Ceci vous dit : Malheur à qui s'avise
D'approcher de trop près d'un plus puissant que soi.

La Cigale et la Fourmi

On connoît les Amis dans les occasions;
Chere Fourmi, d'un grain soyez-moi libérale;
J'ai chanté tout l'Été : Tant pis pour vous, Cigale;
Et moi j'ai tout l'Été fait mes provisions.

Vous qui chantez, riez, et toujours sans souci,
Ne songez qu'au présent; profitez de ceci.
Pleurs, dit un vieux refrein, sont au bout de la danse.
J'ajoute : L'on périt, faute de prévoyance.

La Fourmi, la Colombe et le Chasseur

La Colombe sauva la vie à la Fourmi,
Qui mordant par le pied l'Oiseleur ennemi,
Sauva pareillement la vie à la Colombe.
Jamais l'ingratitude en un bon cœur ne tombe.

Obligez sans espoir même de récompense,
Un bienfait n'est jamais perdu;
Tôt ou tard il vous est rendu;
Et souvent dans le temps que le moins on y pense.

---

1. Dites, pour chacun des quatrains, quels sont les vers utilisés.
2. Pour chaque ensemble, dites :
– quel est le contenu du premier quatrain;
– quel est le contenu du second.
3. À votre tour, résumez quelques fables de votre choix, en imitant les quatrains de Benserade pour la forme et pour le contenu. Présentez-les, si possible, avec une illustration.

Au XVIIIᵉ siècle
•

Neveu de Voltaire, Florian (1755-1794) est l'auteur de quelques comédies et d'un recueil de 89 fables.

La Vérité toute nue
Sortit un jour de son puits.
Ses attraits par le temps étaient un peu détruits.

>   Jeunes et vieux fuyaient sa vue.
> La pauvre Vérité restait là morfondue,
> Sans trouver un asile où pouvoir habiter.
>   À ses yeux vient se présenter
>   La Fable richement vêtue,
>   Portant plumes et diamants,
>   La plupart faux, mais très-brillants.
>   Eh ! vous voilà ! bonjour, dit-elle ;
> Que faites-vous ici, seule sur un chemin ?
> La Vérité répond : Vous le voyez, je gèle,
>   Aux passants je demande en vain
>   De me donner une retraite,
> Je leur fais peur à tous. Hélas ! je le vois bien.
>   Vieille femme n'obtient plus rien.
>   Vous êtes pourtant ma cadette,
>   Dit la Fable, et, sans vanité,
>   Partout je suis fort bien reçue.
>   Mais aussi, dame Vérité,
>   Pourquoi vous montrer toute nue ?
> Cela n'est pas adroit. Tenez, arrangeons-nous ;
>   Qu'un même intérêt nous rassemble :
> Venez sous mon manteau, nous marcherons ensemble.
>   Chez le sage, à cause de vous,
>   Je ne serai point rebutée ;
>   À cause de moi, chez les fous
>   Vous ne serez point maltraitée.
> Servant par ce moyen chacun selon son goût,
> Grâce à votre raison et grâce à ma folie,
>   Vous verrez, ma sœur, que partout
>   Nous passerons de compagnie.
>   Florian, *La Fable et la Vérité*.

---

1. À quoi sont comparées :
– la Vérité ?
– la Fable ?
Comment s'appelle ce procédé de style ?
2. La Fontaine, citant Ésope et Homère, écrit dans *Le Dépositaire infidèle* (IX, 1 ; cf. pp. 129-130) :
>   Le doux charme de maint songe
>   Par leur bel art inventé
>   Sous les habits du mensonge
>   Nous offre la Vérité.

Expliquez pourquoi La Fontaine parle du mensonge à propos de la fable, comme Florian parle de ses *"faux diamants"*.
3. Pourquoi, à votre avis, cette fable est-elle la première du recueil ?
4. De quelle autre fable de La Fontaine peut-on la rapprocher ?

Au XIXe siècle

•

Laurent Pierre Jussieu (1792-1866), neveu du grand botaniste
Antoine Laurent Jussieu, fut un politique et un pédagogue.

L'Abeille et la Fourmi

À jeun, le corps tout transi,
            Et pour cause,
Un jour d'hiver, la fourmi,
Près d'une ruche bien close,
Rôdait pleine de souci.
Une abeille vigilante
L'aperçoit et se présente :
« Que viens-tu chercher ici ?
Lui dit-elle – Hélas, ma chère,
Répond la pauvre fourmi,
Ne soyez pas en colère.
Le faisan, mon ennemi,
A détruit ma fourmilière ;
Mon magasin est tari ;
Tous mes parents ont péri
De faim, de froid, de misère.
J'allais succomber aussi,
Quand du palais que voici
L'aspect m'a donné courage.
Je le savais bien garni
De ce bon miel, votre ouvrage ;
J'ai fait effort, j'ai fini
Par arriver sans dommage.
Oh ! me suis-je dit, ma sœur
Est fille laborieuse ;
Elle est riche et généreuse,
Elle plaindra mon malheur ;
Oui, tout mon espoir repose
Dans la bonté de son cœur.
Je demande peu de chose ;
Mais j'ai faim, j'ai froid, ma sœur !
– Oh ! oh ! répondit l'abeille,
Vous discourez à merveille ;
Mais, vers la fin de l'été,
La cigale m'a conté
Que vous aviez rejeté
Une demande pareille.
– Quoi ? Vous savez ? – Mon Dieu, oui,
La cigale est mon amie.
Que feriez-vous aujourd'hui

> *Si j'étais insensible et fière,*
> *Si j'allais vous inviter*
> *À promener ou chanter ?*
> *Mais rassurez-vous, ma chère ;*
> *Entrez, mangez à loisir ;*
> *Usez-en comme du vôtre ;*
> *Et surtout, pour l'avenir,*
> *Apprenez à compatir*
> *À la misère d'un autre. »*

Laurent Pierre Jussieu, *Fables.*

---

1. De quelle fable de La Fontaine celle-ci est-elle la suite ?
2. Quels arguments utilise la fourmi pour attendrir l'abeille ?
3. L'abeille se fait-elle duper ? Que pensez-vous de son attitude ?

Au xxe siècle

Monteiro Lobato (1882-1948) est un auteur brésilien traduit dans plusieurs langues. Il est devenu très célèbre grâce à Jeca Tatu, symbole national.

Le Chien et le Loup

Un loup très maigre et affamé, qui n'avait que la peau et les os, se mit un jour à philosopher sur les malheurs de la vie. Et il y réfléchissait quand surgit devant lui un chien – mais un vrai chien, gros, fort, aux poils fins et luisants. Rongé par la faim, le loup fut tenté de lui sauter dessus. La prudence, entre temps, lui chuchota à l'oreille : – Attention ! celui qui entre en lutte avec un chien comme celui-ci, en sort perdant. Le loup s'approcha du chien très prudemment et dit :

– Bravo ! Sur l'honneur ! je n'ai jamais vu un chien aussi gros et aussi fort. On voit que l'ami se soigne.

– C'est vrai ! lui répondit le chien. J'avoue que j'ai une vie de nanti. Mais, ami loup, je suppose que vous pouvez avoir une vie aussi belle que la mienne.

– Comment ?

– Il suffit que vous abandonniez cette vie d'errant, ces habitudes sauvages, et vous civilisiez comme moi.

– Expliquez-moi ça en détail, demanda le loup avec une étincelle d'espoir dans les yeux.

– C'est facile, je vous présente mon maître. Lui, c'est sûr, va sympathiser avec vous et vous apporter les mêmes soins qu'à moi : bons os de poules, restes de viandes, une niche avec de la paille agréable. En plus, des plaisirs, des gentillesses à toute heure, des tapes amicales, un nom.

205

– J'accepte ! répondit le loup. Qui ne laisserait pas une vie misérable comme celle-ci, contre une, faite de plaisirs ?

– En échange de quoi, continua le chien, vous garderez la propriété en ne laissant entrer ni les voleurs, ni les vagabonds. Vous plairez au maître et à sa famille en remuant la queue et en léchant la main de tous.

– Conclu ! résolut le loup, et, accompagnant le jeune chien, ils prirent le chemin de la maison.

Néanmoins il nota tout de suite que le chien avait un collier.

– Mais que diable avez-vous donc au cou ?

– C'est le collier.

– Alors vous n'êtes pas libre, vous n'allez pas où vous voulez, comme moi ?

– Pas toujours. Je passe parfois plusieurs jours attaché selon l'humeur de mon maître. Mais qu'importe si la nourriture est bonne et arrive à l'heure.

Le loup s'arrêta, réfléchit et dit :

– Vous savez quoi ? Salut ! Je préfère vivre maigre et affamé mais libre et maître de moi, plutôt que vivre gros et fidèle comme vous, le collier au cou.

Gardez votre graisse d'esclave, moi je me contenterai de ma maigreur de loup libre.

Et il s'enfonça dans la broussaille.

– Il a très bien fait cria Émilie. Un collier ! Et si le diable était tenté de l'y laisser...

Nez-Nez applaudit.

– Mais c'est qu'elle a fait un petit vers, mamie ? « Un collier ! Et si le diable était tenté de l'y laisser... » Joli, hein ?...

– Joli et juste, continua Émilie. Je suis comme le loup. Personne ne me retient. Personne ne me met de collier. Personne ne me gouverne. Personne ne me...

– Suffit les « me », Émilie, mamie, vous avez l'air de vouloir parler de la liberté.

– Ce n'est peut-être pas utile, ma fille. Vous savez tellement bien ce qu'est la liberté que je ne pense jamais à en parler.

– Rien de plus juste, mamie, cria Pierrot.

– Cet endroit a un goût de liberté, et si je devais refaire le monde, je le referais à cette image. Il n'y a qu'à « Pica-pau Amarelo » qu'on ait une vie agréable, une vie sûre.

– Hé bien le secret, mon fils, il n'y en a qu'un : liberté. Ici il n'y a pas de colliers. Le grand malheur du monde c'est le collier. Et il y en a des colliers éparpillés à travers le monde !

Monteiro Lobato, traduction due à des élèves d'une classe de 1re du lycée Camille-Claudel de Pontault-Combault.

1. Dans la dernière phrase, de quels colliers s'agit-il?
2. À la fin de chaque fable, l'auteur ajoute une discussion entre Émilie, Pierrot, Nez-Nez et leur grand-mère. Que pensez-vous de ce procédé?

Personnalité très riche, Samivel, né en 1907, est connu à plus d'un titre : grand voyageur et montagnard, il est aussi dessinateur, cinéaste, écrivain et même fabuliste.

De l'éducation des crabes

Sur le sable fin d'une plage
Dame crabe et ses crabillons
crabillonnaient de large en long,
quand le poucet du bataillon
se mit à marcher droit! Contre tous les usages
«Jésus! cria sa mère épouvantée, que vois-je?
Ce petit malheureux a des instincts pervers!
Mon enfant marche de travers.»

Samivel, L'Amateur.

1. Sur quel ton Samivel nous raconte-t-il cette anecdote? Justifiez votre réponse.
2. Quel est le sens de ce texte?

Quelques écrivains comme Queneau (1903-1976), Perec (1936-1982), travaillant avec des mathématiciens dans le groupe l'OULIPO (OUvroir de LIttérature POtentielle), ont inventé toutes sortes de jeux poétiques : caviardage*, écriture automatique, cadavre exquis, etc., provoquant ainsi des rapprochements de mots inattendus qui stimulent l'esprit. Voici ce que donne La Cigale et la Fourmi, transformée par la méthode S + 7 : remplacement du mot original, à l'exception des mots grammaticaux, par le septième mot de même nature trouvé dans le dictionnaire, après lui.

La Cimaise et la Fraction

La cimaise ayant chaponné tout l'éterneur
Se tuba fort dépurative quand la bixacée fut verdie :
Pas un sexué pétrographique morio de moufette ou de verrat.
Elle alla crocher frange
Chez la fraction sa volcanique
La processionnant de lui primer
Quelque gramen pour succomber
jusqu'à la salanque nucléaire.

«Je vous peinerai, lui discorda-t-elle,
Avant l'apanage, folâtrerie d'Annamite!
Interlocutoire et priodonte.»
La fraction n'est pas prévisible:
C'est là son moléculaire défi.
«Que faisiez-vous au tendon cher?
Discorda-t-elle à cette énarthrose.
– Nuncupation et joyau à tout vendeur,
Je chaponnais, ne vous déploie.
– Vous chaponniez? J'en suis fort alarmante.
Eh bien! débagoulez maintenant.
Raymond Queneau, Oulipo, littérature potentielle, Gallimard.

---

1. Que pensez-vous de ce nouveau texte?
2. Appliquez l'un des procédés cités ci-dessus à une fable de votre choix.

Jean Anouilh (1910-1987) est essentiellement un auteur de théâtre. Il a cependant écrit une cinquantaine de fables qui, dit-il, *« ne sont que le plaisir d'un été. Je voudrais, ajoute-t-il, qu'on les lise aussi vite et aussi facilement que je les ai faites et, si l'on y prend un peu de plaisir – ajouté au mien – il justifiera amplement cette entreprise futile. »*

Le Chêne et le Roseau

Le chêne un jour dit au roseau:
«N'êtes-vous pas lassé d'écouter cette fable?
La morale en est détestable;
Les hommes bien légers de l'apprendre aux marmots.
Plier, plier toujours, n'est-ce pas déjà trop
Le pli de l'humaine nature?»
«Voire, dit le roseau, il ne fait pas trop beau;
Le vent qui secoue vos ramures
(Si je puis en juger à niveau de roseau)
Pourrait vous prouver, d'aventure,
Que nous autres, petites gens,
Si faibles, si chétifs, si humbles, si prudents,
Dont la petite vie est le souci constant,
Résistons pourtant mieux aux tempêtes du monde,
Que certains orgueilleux qui s'imaginent grands.»
Le vent se lève sur ces mots, l'orage gronde.
Et le souffle profond qui dévaste les bois,
Tout comme la première fois,
Jette le chêne fier qui le narguait par terre.
«Hé bien, dit le roseau, le cyclone passé –

208

Il se tenait courbé par un reste de vent –
Qu'en dites-vous donc, mon compère?
(Il ne se fût jamais permis ce mot avant)
Ce que j'avais prédit n'est-il pas arrivé?»
On sentait dans sa voix sa haine
Satisfaite. Son morne regard allumé.
Le géant, qui souffrait, blessé,
De mille morts, de mille peines,
Eut un sourire triste et beau;
Et, avant de mourir, regardant le roseau,
Lui dit : «Je suis encore un chêne.»

Jean Anouilh, *Fables*, La Table Ronde.

À qui va la sympathie d'Anouilh? pourquoi? Partez de citations du
texte pour argumenter votre réponse.

PARCOURS THÉMATIQUE

Il est traditionnel de voir en La Fontaine non seulement un fabuliste, auteur de savoureuses saynètes, mais aussi un moraliste qui a su observer l'homme de son temps. La lecture de ses *Fables,* et notamment de celles choisies pour ce volume, amène à constater qu'il s'est attaché à mettre en valeur les aspects les plus caractéristiques de la société du XVIIᵉ siècle derrière lesquels se cachent des comportements fondamentaux de l'espèce humaine. Ainsi se dégage de l'œuvre une leçon de sagesse toujours d'actualité.

Parmi les thèmes traités par La Fontaine, il en est plusieurs qui reviennent régulièrement :

AMITIÉ
●

> *Qu'un ami véritable est une douce chose* (VIII, 11).
L'amitié se cultive comme un art. C'est un cadeau qui vient du cœur. Elle ne demande rien en échange. Elle rend sensible et même inquiet (*Les Deux Pigeons,* IX, 2 ; *Les Deux Amis,* VIII, 11) et bien comprise, elle n'unit que des êtres semblables (*Parole de Socrate,* IV, 17 ; *Le Pot de terre et le Pot de fer,* V, 2).

En revanche, l'entraide est une loi de la nature qui crée des liens de dépendance entre les êtres quels qu'ils soient en vue de la survie commune : on aide pour être aidé en retour (*Le Lion et le Rat,* II, 11 ; *La Colombe et la Fourmi,* II, 12 ; *Les Membres et l'Estomac,* III, 2).

Rapprochements. L'amitié est un thème fréquemment traité dans la littérature, qu'il s'agisse d'évoquer des amitiés vécues (Montaigne et La Boétie, *Essais,* I, 28 ; Simone de Beauvoir et Zaza, *Mémoires d'une jeune fille rangée*) ou de peindre des personnages fictifs comme chez La Fontaine (Oreste et Pylade dans *Andromaque* de Racine ; A. Dumas, *Les Trois Mousquetaires* ; D. Séchard et L. Chardon dans *Les Illusions perdues* de Balzac ; A. Meaulnes et François Seurel dans *Le Grand Meaulnes* d'Alain-Fournier, etc.). Elle est aussi l'objet de réflexions (Montaigne, *Essais,* I, 28 ; La Rochefoucauld, *Maximes* ; Molière, *Le Misanthrope*).

ANIMAUX
●

> *Le Loup, en langue des dieux,*
> *Parle au Chien dans mes ouvrages* (IX, 1).
La Fontaine affirme presque à chaque livre le rôle prépondérant qu'il fait jouer aux animaux dans ses fables. Dès la *Préface* du premier recueil, il assure son lecteur de ses intentions : non seulement il utilise les animaux dans un but moral à la manière d'Ésope, mais encore il prétend faire sur leur comportement et leur manière de vivre un certain nombre d'observations scientifiques.

On constate que sur ce dernier point il s'est lourdement trompé et que, trop influencé par la tradition des fables, il se révèle un bien mauvais professeur de sciences naturelles. Ainsi la cigale ne chante pas et le renard est beaucoup moins intelligent que le loup ou le chien.

Mais là où La Fontaine a parfaitement réussi, c'est dans la peinture de ces animaux : en saisissant un détail essentiel, il a su évoquer en quelques mots une silhouette ou une physionomie qui fait vivre l'animal sous nos yeux (*Le Loup et le Chien*, I, 5 ; *Le Renard et le Bouc*, III, 5 ; *Le Cerf se voyant dans l'eau*, VI, 9 ; *Le Héron*, VII, 4 ; *Les Lapins*, X, 14). Inspiré par l'aspect physique de l'animal, il lui a par ailleurs donné un caractère en conformité avec cette apparence, l'humanisant par la même occasion : *Ainsi le lion a une apparence majestueuse, il sera naturellement le Roi, le renard au fin museau, habile à voler les poules, sera le courtisan, le chat normalement doux, puis subitement en colère, sera l'hypocrite* conclut P. Bornecque. Il sera difficile de distinguer l'homme de l'animal qui, peu à peu, s'insère lui aussi dans une véritable société, miroir de la société humaine (voir « La Fontaine ou comment on devient fabuliste », p. 179).

Dans les Fables, nous n'avons affaire ni aux animaux, ni aux hommes, mais à tout un jeu de ricochets qui aiguise infiniment l'esprit. Les hommes sont ennuyeux par eux-mêmes, ils manquent de fantaisie. Déguisez-les en lions, en renards, ils acquerront un pittoresque nouveau. Les Fables *sont le carnaval de la littérature française* (E. Jaloux).

BONHEUR
•

Apprendre à se connaître est le premier des soins (XII, 25). L'homme doit se tenir à l'écart de la société et rejoindre la solitude s'il veut se trouver lui-même et être heureux (voir l'attitude du vizir dans *Le Songe d'un habitant du Mogol*, XI, 4). Le bonheur, en effet, c'est la sérénité qu'octroie Dieu au sein d'une nature isolée et sauvage (*Le Juge arbitre, L'Hospitalier et le Solitaire*, XII, 25).

Rapprochements. La recherche du bonheur, vécue comme une aventure personnelle loin du monde et du bruit, est une idée qui sera développée au XVIIIe siècle par Rousseau dans une grande partie de son œuvre (*La nouvelle Héloïse, Les Confessions, Les Rêveries d'un promeneur solitaire*). Elle sera chère aussi aux écrivains romantiques du siècle suivant, à Chateaubriand (*René*), à Balzac (*Le Lys dans la vallée*), à Nerval (*Sylvie*), à Flaubert lui-même (*L'Éducation sentimentale*), qui verront dans cette quête le désir d'une solitude à deux.

ÉPICURISME
•

On hasarde de perdre en voulant trop gagner (VII, 4). Il est dangereux de compter sur l'avenir. Il faut savoir être lucide et vivre le temps présent sans attendre mieux d'un avenir qu'on ignore. C'est la leçon de : *Les Grenouilles qui demandent un roi*, III, 4 ; *Le Héron*, VII, 4 ;

La Laitière et le Pot au lait, VII, 10 ; *Le Vieillard et les Trois jeunes hommes,* XI, 8. L'avenir est souvent cruel (*La Cigale et la Fourmi,* I, 1 ; *Le vieux Chat et la jeune Souris,* XII, 5). On ne doit compter que sur soi, et la mort, tant redoutée, est au bout du chemin (*La Mort et le Bûcheron,* I, 16 ; *Les Médecins,* V, 12 ; *Le Charlatan,* VI, 19).

Rapprochements. La Fontaine se montre ici un digne successeur du philosophe athénien Épicure (341-270 av. J.-C.) qui conseille aux hommes de vivre en accord avec la nature s'ils veulent trouver la sérénité. Le poète Ronsard, au XVIᵉ siècle, dans ses *Odes* et ses *Amours* avait déjà exalté cette conception du bonheur que Pascal, contemporain de La Fontaine, condamne dans ses *Pensées* (« Le divertissement »).

FAIBLESSE

●

Je plie, et ne romps pas (I, 22).

Dans l'univers des *Fables,* la faiblesse est souvent représentée et elle est loin d'être toujours vaincue. Elle a aussi sa force : elle est faite de patience et de ténacité et, pour l'illustrer, La Fontaine va chercher ce qu'il y a de plus gracile, de plus petit dans la nature : un roseau, un moucheron, une fourmi, un rat, etc. (*Le Chêne et le Roseau,* I, 22 ; *Le Lion et le Moucheron,* II, 9 ; *Le Lion et le Rat,* II, 11 ; *La Colombe et la Fourmi,* II, 12). Paradoxalement, la faiblesse est forte de sa petitesse même (*Le Combat des Rats et des Belettes,* IV, 6). On se fie trop aux apparences qui sont trompeuses (*Le Serpent et la Lime,* V, 16 ; *Le Cochet, le Chat et le Souriceau,* VI, 5 ; *Le Lièvre et la Tortue,* VI, 10 ; *Le Coche et la Mouche,* VII, 9).

Rapprochements. La revanche du faible sur le fort est un thème vieux comme le monde (voir dans la *Bible,* le combat de David et Goliath, dans la mythologie grecque, la lutte de Thésée et du Minotaure, etc.). Elle s'inscrit le plus souvent dans un contexte guerrier et sert à entretenir le suspense (*Tristan et Iseult,* le combat de Tristan et du Morholt ; Corneille, *Le Cid,* le combat de Rodrigue et de Don Gormas).

FORCE

●

La raison du plus fort est toujours la meilleure (I, 10).

Le Lion et le Loup représentent bien souvent une puissance tyrannique qui a souvent raison des faibles. Le premier est méprisant avec ses inférieurs (*Le Lion et le Moucheron,* II, 19) et se montre même un monarque hypocrite pour arriver à ses fins (*Les Animaux malades de la peste,* VII, 1). Le second est un raisonneur cruel, particulièrement redoutable (*Le Loup et l'Agneau,* I, 10), surtout quand il se transforme en procureur royal injuste (*Les Animaux malades de la peste,* VII, 1).

Il est en effet un domaine plus particulier où la tyrannie des forts s'exerce, c'est celui de la justice : on voit alors officier le Chat ou l'homme lui-même (*Le Chat, la Belette et le petit Lapin,* VII, 16 ; *L'Huître et les Plaideurs,* IX, 9).

Rapprochements. Les tyrans ont toujours fasciné l'imagination populaire, et la littérature connaît quelques belles figures de potentats tyranniques comme Picrochole dans *Gargantua* de Rabelais (XVIᵉ siècle), Néron dans *Britannicus* de Racine (XVIIᵉ siècle), ou Caligula dans la pièce du même nom d'Albert Camus (XXᵉ siècle). Leurs débordements despotiques amènent à réfléchir sur la nature de leur pouvoir (Montesquieu, *L'Esprit des lois*), à poser la question de l'égalité des hommes entre eux et à faire la critique de la justice (Racine, *Les Plaideurs* ; Molière, *Les Fourberies de Scapin* ; Voltaire, *Dictionnaire philosophique*).

HYPOCRISIE
•

Car c'est double plaisir de tromper le trompeur (II, 15).

La fourberie est universelle. Depuis le *Roman de Renart,* c'est cet animal qui symbolise l'intelligence et la ruse. La Fontaine lui donne souvent la première place. Perspicace, le renard refuse de se laisser prendre aux apparences (*Le Renard et le Buste, IV,* 14). Son imagination fertile lui permet de tromper le corbeau ou le bouc (*Le Corbeau et le Renard,* I, 2 ; *Le Renard et le Bouc,* III, 5). Il est parfois remplacé par l'homme dans ce rôle (*Le Lion amoureux,* IV, 1) ; il représente à lui seul le courtisan et l'hypocrite dans toute leur habileté (*Les Animaux malades de la peste,* VII, 1). Il est rarement trompé (*Le Coq et le Renard,* II, 15) et, quand ce n'est pas le renard qui trompe, le trompeur échoue (*Le Loup, la Chèvre et le Chevreau,* IV, 15).

Rapprochements. L'hypocrisie, dans la mesure où elle suppose la feinte, peut être prise comme un jeu quand il s'agit de tromper un imbécile et le trompeur est plutôt sympathique (Goupil et Isengrin dans *Le Roman de Renart* ; *Le Corbeau et le Renard* ; Scapin et Géronte dans *Les Fourberies de Scapin* de Molière). Mais elle est aussi simulation intéressée de sentiments et, dans ce cas, elle rend l'hypocrite particulièrement détestable (Molière, *Tartuffe* ; La Bruyère, *Onuphre* ; Ch. de Laclos, *Les Liaisons dangereuses* ; Stendhal, *Le Rouge et le Noir,* etc.).

LIBERTÉ
•

Attaché ? dit le Loup : vous ne courez donc pas Où vous voulez ? (I, 5).

La liberté est le plus nécessaire de tous les biens. Elle est d'abord évoquée à travers l'appel des grands espaces que ressent un loup, opposant la liberté individuelle aux travaux imposés (*Le Loup et le Chien,* I, 5), ou le goût de la tranquillité qu'éprouve un rat, bourgeois de campagne, qui jouit de la vie loin des contraintes de la ville (*Le Rat de ville et le Rat des champs,* I, 9). Ni chaînes, ni obligations d'aucune sorte.

Puis la liberté se fait toute intérieure et affirme son droit à l'existence en dépit de conditions matérielles parfois défavorables. Le meunier en fait très intelligemment l'expérience dans *Le Meunier, son Fils et l'Âne* (III, 1), concluant à la supériorité du libre arbitre sur les événements : *Mais que dorénavant on me blâme, on me loue [...] J'en veux faire à ma tête*. Et La Fontaine de renchérir : *Il le fit, et fit bien*.

Rapprochements. La Fontaine prône avant tout le respect de la liberté individuelle et le droit pour l'homme d'exercer librement son esprit critique, suivant en cela Montaigne *(Essais)* et Descartes *(Discours de la méthode)*. Bien d'autres écrivains, et notamment les philosophes du xviiie siècle, revendiqueront ce droit : Montesquieu *(Lettres persanes)*, Voltaire *(Lettres philosophiques)*, Diderot, Rousseau, etc.

La Fontaine observe donc avec beaucoup de circonspection les agissements de la société humaine, nuançant toujours son propos (une fable corrigeant l'autre), afin de peindre l'homme avec le plus d'exactitude possible ; mais il sait bien, ne serait-ce que par expérience personnelle, que la nature humaine reste insaisissable et mystérieuse.

LE VERBE

Accord du participe présent considéré comme un adjectif
•

La langue classique fait s'accorder le participe présent avec le nom auquel il se rapporte, suivant en cela l'usage du latin. C'est en 1679 que l'Académie française recommandera de ne plus faire l'accord (usage moderne qui différencie ainsi le participe-verbe du participe-adjectif).
Exemple : *Presque rien, dit le Chien, donner la chasse aux* gens
Portants bâtons, et mendiants

(Le Loup et le Chien, I, 5).

Usage plus libre du participe épithète employé en tête de phrase
•

Alors que l'usage moderne exige que le participe employé en tête de phrase ait le même sujet que le verbe qui suit, la langue classique peut l'employer comme épithète d'un mot, autre que le sujet.
Exemple : *Mais, ne l'ayant pas* fait, *il vous devait suffire*
Que votre premier roi fût débonnaire et doux.
(Les Grenouilles qui demandent un roi, III, 4).
Ce qui signifie : mais, puisque vous ne l'avez pas fait, il vous, etc.

Gérondif
•

Le gérondif peut, comme le participe épithète, se rapporter à un autre mot que le sujet du verbe de la phrase.
Exemple : *Vous m'êtes* en dormant *un peu triste apparu*
(Les Deux Amis, VIII, 11).
Ce qui signifie : vous m'êtes, alors que je dormais, apparu un peu triste.

Forme progressive
•

Elle se compose du verbe *aller* suivi du participe présent et se rencontre encore fréquemment.
Exemple : *Que je me* vas[1] *désaltérant*
(Le Loup et l'Agneau, I, 13).
Ce qui signifie : que je suis en train de me désaltérer.

---

1. *Je me vas* : issu de l'ancienne langue, était encore couramment utilisé pour *je vais*.

Valeur de l'imparfait et du passé composé de l'indicatif

– Avec les verbes exprimant la possibilité ou l'obligation, l'imparfait de l'indicatif peut avoir la valeur d'un conditionnel passé et, par conséquent, le sens d'un irréel, comme en latin.

Exemple : *Ami, reprit le Coq, je ne* pouvais *jamais*
  Apprendre une plus douce et meilleure nouvelle.
                                    (*Le Coq et le Renard,* II, 15).

Ce qui signifie : Ami, reprit le Coq, je n'aurais jamais pu, etc.

– On emploie dans le même sens le passé composé.

Exemple : *Vous* avez dû *premièrement*
  Garder votre Gouvernement.
                       (*Les Grenouilles qui demandent un roi,* III, 4).

Ce qui signifie : Vous auriez dû premièrement, etc.

LES CONJONCTIONS DE SUBORDINATION

Que
•

– Il est souvent employé seul à la place de *afin que* : [...] *descends, que je t'embrasse.* (*Le Coq et le Renard,* II, 15).

Pour : descends, afin que je t'embrasse.

– dans le sens de *avant que* :
  Il m'a dit qu'il ne faut jamais
Vendre la peau de l'ours qu'on ne l'ait mis par terre.
                       (*L'Ours et les deux compagnons,* V, 20).

Pour : avant qu'on ne l'ait mis par terre.

– dans le sens de *sans que* :
Oh là! oh! descendez, que l'on ne vous le dise.
                       (*Le Meunier, son Fils, et l'Âne,* III, 1).

Pour : sans qu'on ne vous le dise.

– Il peut être aussi l'équivalent de *sinon* :
[...] *que peut-il faire,*
Que de prier le Ciel [...]
                       (*Le Rat qui s'est retiré du monde,* VII, 3).

Pour : sinon prier le ciel.

Si
•

Il a un sens causal et équivaut à *puisque,* comme en latin :
Comment l'aurais-je fait si je n'étais pas né
                                    (*Le Loup et l'Agneau,* I, 10).

Pour : puisque je n'étais pas né.

LES PRONOMS PERSONNELS

En
•

– Lorsqu'il est complément d'objet direct, mis pour un nom pluriel et placé avant l'auxiliaire *avoir,* il entraîne l'accord du participe passé, ce qui n'est plus le cas aujourd'hui.

Exemple : *Belle leçon pour les gens chiches : / Pendant ces derniers temps, combien en a-t-on* vus (*La Poule aux œufs d'or,* V, 13).

– Par ailleurs, il lui arrive d'être mis pour un nom sous-entendu.

Exemple : *Là chacun d'eux se désaltère. / Après qu'abondamment tous deux* en[1] *eurent pris* (*Le Renard et le Bouc,* III, 5).

Il
•

Il s'emploie avec la valeur du pronom démonstratif *cela,* au sens neutre.

Exemple : *J'ai craint qu'il* ne *fût vrai* [...] (*Les Deux Amis,* VIII, 11).
Pour : que cela ne fût vrai.

Place du pronom personnel complément d'un infinitif ou participe
•

Exemple : [...] *on crut qu'il s'allait plaindre* (*La Besace,* I, 7).

Quand un pronom personnel (*s'*) est complément d'un infinitif (*plaindre*) ou d'un participe qui dépend lui-même d'un verbe à un mode personnel (*allait*), le pronom se place devant le premier verbe.

Autres exemples : *Je me vas désaltérant* (*Le Loup et l'Agneau,* I, 10) ; *Lui pensa devoir son salut* (*Le Singe et le Dauphin,* IV, 7).

Le pronom réfléchi
•

– Il peut accompagner des verbes intransitifs. C'est un héritage de l'ancienne langue. On ne l'emploie plus ainsi de nos jours.

Exemple : [...] *À la fin le pauvre homme / S'en courut chez celui qu'il ne réveillait plus !* (*Le Savetier et le Financier,* VIII, 2). Pour : courut.

– Son absence devant certains verbes pronominaux à l'infinitif est par ailleurs normale dans la langue classique.

Exemple : [...] *j'ai certaine affaire / Qui ne me permet pas* d'arrêter *en chemin* (*Le Renard et le Bouc,* III, 5).
Pour : de m'arrêter.

---

1. *en* : de l'eau.

L'ADVERBE NÉGATIF *NI*

La coordination par *ni* remplace celle qui serait faite par *ou* dans une phrase de sens négatif.

Exemple : *Patience et longueur de temps / Font plus que force ni que rage* (*Le Lion et le Rat*, II, 11).

Pour : font plus que ne font la force ou la rage.

GRAMMAIRE ET VERSIFICATION

Omission de l'article
•

Courante dans l'ancienne langue, elle est encore fréquente au XVIIe siècle et La Fontaine s'en sert beaucoup.

Exemple : *Mais le museau du sire était d'autre mesure* (*Le Renard et la Cigogne*, I, 18). *D'autre* pour : d'une autre.

Orthographe ancienne
•

Pour éviter l'hiatus ou trouver une rime, La Fontaine utilise des mots orthographiés comme au Moyen Âge.

Exemples : *Quand sur l'eau se penchant une Fourmis y tombe* (*La Colombe et la Fourmi*, II, 12).

Fourmis : cas sujet masculin singulier en ancien français.

Mes gens s'en vont à trois pieds, / Clopin clopant comme ils peuvent, / L'un contre l'autre jetés / Au moindre hoquet qu'ils treuvent (*Le Pot de terre et le Pot de fer*, V, 3).

treuvent pour *trouvent* : forme archaïque.

Gardez-vous sur votre vie, / D'ouvrir que l'on ne vous die / (Le Loup, la Chèvre et le Chevreau, IV, 15).

die pour *dise* : forme ancienne et régulière du subjonctif.

Licence poétique
•

– *Avecque* pour *avec* : *Et ne pouvait qu'*avecque *peine* (*Le Cerf se voyant dans l'eau*, VI, 9).

– *Encor* pour *encore* : *Passe* encor *de bâtir* (*Le Vieillard et les trois Jeunes Hommes*, XI, 8).

– *Grand* pour *grande* : [...] *C'est* grand *honte / Qu'il faille voir ainsi clocher ce jeune fils* (*Le Meunier, son Fils et l'Âne*, III, 1).

N.B. : les noms propres figurent en capitales ; pour les Dieux, sont d'abord mentionnés les noms latins (utilisés par La Fontaine), puis précisés les noms grecs.

d'abord : immédiatement.
ACHÉRON : l'un des fleuves des Enfers avec le Styx et le Cocyte, fleuve qu'il fallait traverser pour atteindre le Royaume des morts dans la mythologie gréco-romaine. Désigne la mort.
affaire : chose ; sens particulier : procès.
alléguer : mettre en avant, s'appuyer sur.
allitération : répétition de consonnes successives destinée à produire un effet d'insistance ou de surprise.
AMALTHÉE : chèvre qui nourrit Jupiter de son lait quand la mère de celui-ci, Rhéa, le cacha en Crète, loin de son père, Cronos (Saturne), qui avait l'habitude de dévorer ses enfants !
amant : celui qui aime, prétendant.
A.M.D.M. : ces lettres représentent : *à Monsieur De Maucroix*. Maucroix, l'ami d'enfance auquel La Fontaine sera fidèle toute sa vie.
AMOUR : 1. Avec un *A* majuscule, il s'agit de Cupidon ou Éros, fils de *Vénus* ou Aphrodite. 2. Au pluriel, il s'agit des colombes, oiseaux de Vénus qui symbolisent l'amour (voir *Vénus*).
APOLLON : fils de Zeus et de Léto. Dieu du Soleil, de la musique et de la poésie, il conduisait lui-même le chœur des Muses en jouant de la lyre.
apologue : récit destiné à faire comprendre une vérité morale, fable.
aquilon : vent de nord, violent et froid.
ARCADIE : région très montagneuse de la Grèce, célèbre pour ses ânes.
arrière-neveu : petit-fils.
ARTARPAX, PSICARPAX, MÉRIDARPAX : ces trois mots sont formés à partir du même mot grec *arpax* qui signifie *voleur*, auquel on a ajouté les mots *artos* (*le pain*) pour le premier, *psix* (*la miette*) pour le deuxième, et *méris* (*la part*) pour le troisième. On trouve ces mots dans deux textes grecs, parodies d'épopée, d'auteur inconnu.
asile : abri.
ATHÈNES : capitale de la Grèce.
attraits : charmes.
avarice : cupidité.
aventure : heureux hasard. / *d'aventure* : par hasard.
avint : arriva. Au XVIIᵉ siècle, on employait indifféremment la forme *avenir* ou *advenir* pour *arriver* ; la première forme est restée comme nom, la seconde comme infinitif.
BÉLISAIRE : grand capitaine qui, après avoir commandé les armées de l'empereur byzantin Justinien (VIᵉ siècle ap. J.-C.), tomba en disgrâce et vécut, d'après un écrit de La Fontaine, dans une misère telle qu'il devait demander l'aumône aux chemins.
bien : richesse.
borner : limiter.
brièveté : brièveté.
ça : eh bien !
calendes (sous-entendu, *grecques*) : c'était le premier jour du mois dans le calendrier romain ;

les calendes n'existaient pas dans le calendrier grec. Renvoyer quelqu'un aux calendes grecques, c'est donc le renvoyer à une date qui n'existe pas, c'est se moquer de lui.
capitaine : (du latin *caput, capitis* : la tête) celui qui a l'initiative, celui qui commande.
CAUCASE : très haute montagne de Géorgie et d'Azerbaïdjan.
caviardage : « écriture par gommage », selon l'Oulipo (cf. page 207) ; « caviarder », c'est cacher des mots ou des expressions dans un texte, selon une règle que l'on se sera donnée.
censurer : critiquer.
cependant : en attendant. / *cependant que* : tandis que.
CÉRÈS (ou *DÉMÉTER*) : déesse des moissons.
champ lexical : ensemble de mots qui évoquent la même idée.
CHAMPS ÉLYSIENS (*ÉLYSÉENS, ÉLYSÉES*) : séjour des bienheureux, après la mort, dans la mythologie gréco-romaine.
charlatan : « faux médecin qui monte sur le théâtre en place publique pour vendre de la thériaque (remède-miracle) et d'autres drogues et qui amasse le peuple par des tours de passe-passe et des bouffonneries » (*Dictionnaire de Furetière*, 1690).
chaumine : cabane couverte de chaume des paysans pauvres. Terme archaïque et familier, pour *chaumière* (*Dictionnaire de Furetière*).
chère : repas.
chétif, chétive : vil(e), méprisable.
CICÉRON : très grand orateur romain qui vécut au Iᵉʳ siècle av. J.-C. Il était tenu, au XVIIᵉ siècle, pour le maître de l'éloquence.
comme : comment.
commère, compère : marraine, parrain d'un enfant ; puis, familièrement, ami, camarade, copain.
au compte de : du point de vue de.
consentir à : accepter.
conte : récit d'aventures imaginaires sans moralité.
converser : vivre parmi.
corvée : journée de travail gratuite due par le paysan au souverain ou aux seigneurs.
courrier : homme qui porte lettres et dépêches et se déplace rapidement.
cousu d'or : à une certaine époque, les avares cousaient leurs pièces d'or dans la doublure de leurs vêtements. C'était aussi une façon de mettre son argent à l'abri pendant un voyage. L'expression est passée en proverbe.
crever : éclater.
crier haro sur : terme juridique désignant, à l'origine, en Normandie, un cri d'appel contre un voleur ou un délinquant ; l'expression signifie donc *courir sus à quelqu'un comme à un criminel, l'accuser.*
CYTHÈRE : pour *Cythérée*. Nom sous lequel Vénus est adorée dans l'île de Cythère.

dame : terme de respect hérité du Moyen Âge ; souvent employé ironiquement par La Fontaine.
LE DAUPHIN : Louis, fils du roi Louis XIV et de la reine Marie-Thérèse (1661-1711). Il a onze ans au moment de la parution des premiers livres des *Fables*.
dédicace : formule en tête d'un livre, par laquelle son auteur l'offre à une personne, le ou la dédicataire.
démantelée : sans défenses ; s'applique à une place forte dont les fortifications ont été rasées.
dessein : projet.
devise : texte (appelé *âme*) et dessin (appelé *corps*) ou sculpture exprimant une règle de vie.
dévot : pieux.
dévouement : acte d'une personne qui se sacrifie pour apaiser les dieux.
divers : différents.
DUC DE BOURGOGNE : petit-fils de Louis XIV. Né en 1682. Sous la conduite de Fénelon, son précepteur, il dialogue avec La Fontaine depuis l'âge de 8 ans (composition de fables).
échine : colonne vertébrale ; *dos à longue échine* : « personne fort maigre » (Littré).
égayer : rendre un texte agréable en adoucissant, par la fantaisie de la forme, la sévérité du fond.
éloquence : art de faire des discours.
embrasser : entourer de ses bras ; au sens figuré : 1. englober ; 2. adhérer à.
enchâsser : mettre dans un coffre (ou châsse) un objet que l'on veut conserver précieusement comme les reliques d'un saint.
encor : encore (licence poétique).
enfin : à la fin.
engeance : race.
équipage : « tout ce qui est nécessaire pour voyager : valets, chevaux, carrosses, habits, armes » (*Dictionnaire* de Furetière) ; « ce dont on a besoin pour accomplir quelque chose (chasse, action militaire, construction, etc.) » (Littré).
ermite : solitaire.
erreur : illusion.
ÉSOPE : fabuliste grec (VIIe-VIe siècle av. J.-C.). Son œuvre n'a été recueillie par écrit que deux siècles après sa mort, par Démétrios de Phalère. Ce serait un esclave, bègue, bossu, à l'esprit vif, qui aurait donné de judicieux conseils à ses contemporains en leur racontant des fables, mais sa vie est légendaire puisque près de 2000 ans séparent le siècle où il vécut du siècle où sa vie fut racontée par le moine Planude (XIVe siècle).
esprits : système nerveux. Selon Descartes, philosophe contemporain de La Fontaine, les esprits animaux, sorte d'influx nerveux, vont du cœur au cerveau et communique aux membres leurs mouvements par le moyen des nerfs.
esquiver (*s'*) : s'esquiver, se sauver.
étrète : étroite (ancienne façon d'écrire).
fable : récit poétique illustrant une vérité générale.
faîte : sommet.
feintes : contes.
feux : feux de joie qu'on allumait dans tous les quartiers des grandes villes et dans toutes les paroisses pour fêter le retour de la paix.

figure de style : procédé d'expression particulier, destiné à produire un effet (périphrase, comparaison, métaphore, etc.).
filandières : celles qui filent. Voir *Parques*.
FLORE : divinité des fleurs et du printemps chez les Romains.
(se) forger : (s')imaginer.
fort, force : beaucoup de.
Fortune : hasard, aventure. / *de fortune* : par hasard.
gaillard : joyeux.
galand / galant : adroit, coquin, ou amoureux, élégant. Au XVIIe siècle, on écrivait indifféremment le mot avec un *d* ou un *t*. Par la suite, les deux orthographes ont permis de distinguer le *galand*, pour le sens de *coquin*, du *galant*, pour celui de *honnête*, *amoureux*.
GALATÉE : nymphe de la mer, amoureuse du jeune et beau berger Acis.
garder : éviter.
gâter : abîmer.
gisant : qui est couché.
gloser sur : critiquer.
GRÂCES ou *CHARITES* : elles étaient trois (Aglaé, Euphrosine, Thalie) et personnifiaient à la fois le charme et la beauté.
grain : le plus petit des poids dont on se servait pour peser les matières précieuses ou les remèdes (environ 5 centigrammes).
gré : goût.
grègues : voir *tirer ses grègues*.
GRIPPEMINAUD : La Fontaine emprunte ce nom à Rabelais. Grippeminaud, c'est l'archiduc des chats-fourrés, c'est-à-dire le président des juges. Dans le mot, on reconnaît le verbe *gripper* qui signifie *saisir brusquement*.
harangue : discours. / *haranguer* : faire un discours.
HORACE : poète latin (65 av.-8 ap. J.-C.) dont La Fontaine s'est inspiré.
hôte : habitant ; compagnon ; celui qui reçoit ou est reçu.
ILE DE LA CONFÉRENCE : île des Faisans, au milieu de la Bidassoa, à la frontière franco-espagnole, où furent conclus en 1659 le traité de paix des Pyrénées et le mariage de Louis XIV avec l'Infante Marie-Thérèse, fille de Philippe IV d'Espagne.
indiscrétion : au sens propre, manque de discernement ; d'où bêtise.
inquiet : agité, turbulent.
insigne : remarquable.
JUPIN : voir *Jupiter*.
JUPITER (ou *ZEUS*) : roi des dieux dans la mythologie gréco-romaine. La Fontaine lui donne aussi, souvent, le surnom familier et burlesque de *Jupin* qui, en vieux français, veut dire *débauché*, *polisson*.
justement : exactement.
là-bas : l'autre monde.
langue des dieux : vers.
LA ROCHEFOUCAULD : écrivain mondain (1613-1680) qui fréquente les salons, en particulier celui de Mme de Lafayette. Il doit sa célébrité à ses *Réflexions ou Sentences et Maximes morales*, parues entre 1664 et 1678.
larron : voleur.

las : fatigué. / *se lasser* : se fatiguer.
LA SABLIÈRE : l'une des femmes les plus intelligentes et les plus cultivées du XVIIᵉ siècle, dans le domaine scientifique comme dans le domaine littéraire, Madame de La Sablière tenait un salon mondain où philosophes, mathématiciens et physiciens se retrouvaient. La Fontaine fut protégé et hébergé par elle.
à loisir : tranquillement.
loquet : tige mobile qui sert à bloquer une porte.
LOUIS LE GRAND : Louis XIV, né en 1638, fils de Louis XIII et d'Anne d'Autriche. Roi de France de 1645 à 1715.
LOUVRE : palais de Louis XIV (avant la construction de Versailles), aujourd'hui transformé en musée.
maint(e) : plusieurs, de nombreux.
maître : titre donné à un artisan qui, après avoir achevé son tour de France et accompli son «chef-d'œuvre», est installé à son compte (par opposition aux compagnons et aux apprentis) ; titre donné à un universitaire ayant terminé ses études (maître ès-arts, par exemple). En ce sens, il est encore utilisé pour les membres des professions juridiques (avocats, notaires, avoués). Avec une majuscule, ce titre est donné, au XVIIᵉ siècle, aux principaux bourgeois.
MARS (ou *ARÈS*) : dieu de la guerre dans la mythologie gréco-romaine.
mâtin : gros chien de garde.
maux : malheurs.
mensonges : inventions poétiques.
merveille : miracle.
MESSER GASTER : signifie *Messire l'Estomac*; expression que La Fontaine emprunte au titre du chapitre 57 du *Quart Livre* de Rabelais .
mets : plat.
mine : apparence.
MINOS : roi de Crète et grand législateur. C'est pourquoi il devint, à sa mort, le premier des trois juges des Enfers.
MOGOL : ancien empire de Mongolie en Asie centrale, voisin de l'Inde et de la Perse (aujourd'hui Iran).
moindre : dernier ; le plus petit.
MONOMOTAPA : ancien empire cafre d'Afrique australe, qui fut assez prospère jusqu'au XVIIIᵉ siècle ; aujourd'hui divisé entre la Zambie, le Zimbabwe et le Mozambique.
MONTESPAN : Françoise Athénaïs de Rochechouart de Mortemart (1641-1707) bénéficia longtemps de la faveur du roi dont elle eut six enfants. Femme d'esprit, elle protégeait les gens de lettres, dont La Fontaine.
MORPHÉE : fils du sommeil, dans la tradition mythologique, il endormait tous ceux qu'il touchait avec ses pavots (plante dont on extrait l'opium).
NEUF SŒURS : les neuf Muses, déesses des Arts. Euterpe était celle de la musique, Polymnie celle de la poésie.
NICOLAS : personnage d'une chanson populaire du temps de La Fontaine.
nouveau : d'un genre nouveau, inattendu.
objet : spectacle.
obole : monnaie grecque de peu de valeur ; on dirait aujourd'hui, *trois fois rien*.

Olympe : montagne de Grèce qui abrite à son sommet le palais de Zeus, *alias* Jupiter* ; plus généralement, désigne le séjour des dieux.
oût : août ; moisson
paître : brouter.
parabole : du grec *parabolé* qui signifie *comparaison* ; récit des *Livres saints* qui utilise des éléments de la vie quotidienne pour faire comprendre des vérités religieuses ou morales.
PARQUES (ou *MOIRES*) : aussi anciennes que la Nuit, la Terre et le Ciel, elles sont trois, représentées sous l'aspect de vieilles femmes en train de filer. Elles règlent le sort des hommes, le mouvement des astres, l'harmonie du monde : la première, Nona ou Clotho, préside à la naissance, tenant une quenouille dont elle file le fil de la vie ; la deuxième, Décima ou Lachésis, décide du sort de chacun en mettant le fil sur le fuseau ; la dernière, Morta ou Atropos l'Inflexible, décide de la mort en coupant impitoyablement le fil qui mesure la durée de la vie de chaque mortel.
patriarche : dans la Bible, les patriarches sont les descendants immédiats d'Adam. Leur vie est très longue. Le plus connu, Mathusalem, aurait vécu 969 ans.
de sa part : de son côté.
pécore : bête stupide.
pèlerin : voyageur.
pénates : dieux protecteurs de la maison, qui étaient l'objet d'un culte familial chez les Romains. Par extension : la maison.
penser : faillir.
PERRIN DANDIN : juge dont le nom est emprunté au *Tiers Livre* de Rabelais (chapitre 41). Racine a, lui aussi, repris ce nom dans sa comédie *Les Plaideurs* (1668).
PHÈDRE : fabuliste (auteur de fables) latin qui vécut à Rome au Iᵉʳ siècle de notre ère. La plupart de ses fables s'inspirent des apologues d'Ésope*. Et La Fontaine s'inspire beaucoup de lui.
phénix : oiseau fabuleux qui, d'après la mythologie grecque, était seul de son espèce et renaissait toujours de ses cendres. Dire de quelqu'un qu'il est un phénix, c'est dire qu'il est un être merveilleux, unique en son genre.
PHILIPPE : Philippe II (382-336 av. J.-C.), roi de Macédoine, qui devint, après la victoire de Chéronée (338 av. J.-C.), le maître incontesté de la Grèce (Sparte exceptée) ; il eut pour fils l'un des plus grands conquérants de tous les temps, Alexandre le Grand.
PHILIPPE IV : roi d'Espagne, beau-père de Louis XIV.
PICROCHOLE : roi ennemi de Gargantua dans *Gargantua* de Rabelais, personnage qui ne rêvait que de conquêtes et dont les guerres échouèrent lamentablement.
se piquer : se vanter.
PLATON : philosophe grec (427-347 av. J.-C.). Disciple de Socrate* dont il transmit l'enseignement dans de nombreux dialogues.
point : chose, cas, sujet ; c'est aussi un terme d'astrologie qui désigne précisément un point du ciel à repérer lors de la naissance. « Le point de nativité, c'est le degré ascendant sur l'hori-

zon à la naissance de quelqu'un. » (*Dictionnaire de Furetière*) .

POLYPHÈME : le cyclope qu'Ulysse aveugla afin de pouvoir s'enfuir avec ses compagnons. Polyphème était amoureux de la nymphe Galatée.

possible (que) : peut-être (que).

poste : distance entre deux relais de chevaux pour la poste, ordinairement une lieue et demie ou deux lieues (environ 7 à 9 km).

pourvoir : fournir le nécessaire ; sens particulier : donner un mari à.

se prélasser : marcher à pas comptés avec la dignité d'un prélat (homme d'Église).

prétendre : bien compter, espérer.

PRINCE : du latin *princeps, principis* : premier. Désigne le roi.

proverbe : moralité sans récit transmise par la tradition.

pudeur : gêne, honte.

PYGMALION : sculpteur de Chypre qui devint amoureux de la statue qu'il avait créée. Après avoir obtenu de Vénus qu'elle lui donnât la vie, il l'épousa.

PYRRHUS : roi (319-272 av. J.-C.) d'Épire (région de la Grèce), qui voulut conquérir la Grèce, l'Italie et la Sicile et fut finalement battu.

RAMINAGROBIS : nom utilisé par Rabelais pour « un vieil poète françois » dans le *Tiers Livre*, et surtout par Voiture, un poète contemporain de La Fontaine, qui, le premier, l'attribua à un chat, au « Prince des chats ».

récompense : compensation.

régal : festin.

reliefs : restes.

repartir : répondre.

république : collectivité.

rets : filets.

rhétorique : art de l'éloquence ; dans *Le Charlatan* (IV, 19), le mot signifie probablement que l'on inscrira le mot *rhéteur* sur l'écriteau mis dans le dos du supplicié pour indiquer son crime.

ris : rires.

ROME : capitale de l'Italie, ville prestigieuse de l'Antiquité, puisqu'elle fut à la tête du vaste Empire romain pendant plusieurs siècles.

roussin : cheval.

rustre : paysan.

le sac et les quilles : allusion amusante à deux sacs à la fois : le sac où l'on mettait les documents d'un procès, et celui où l'on rangeait les quilles avec lesquelles on jouait à un jeu d'argent. Perrin, après avoir pris l'argent, ne laisse aux deux joueurs que le sac et les quilles, c'est-à-dire des objets sans valeur. Le proverbe signifie donc *ne rien laisser*.

sage : raisonnable.

salle : grande pièce qui occupait presque tout le rez de chaussée dans beaucoup de maisons de ville au XVIIe siècle.

sans doute : sans aucun doute.

savoir : connaître.

SEPT SAGES : philosophes grecs du VIe siècle av. J.-C. que l'on considéraient comme les premiers législateurs des cités grecques. à la période héllenistique (IIe siècle av. J.-C.), on leur attribuait des proverbes très populaires.

SÉVIGNÉ : fille de Madame de Sévigné, Mademoiselle de Sévigné était très belle, mais un peu froide. Elle deviendra Madame de Grignan.

Sire : titre donné à un roi avec une nuance de familiarité ou d'ironie ; titre donné aussi, avec les mêmes nuances, aux gens du peuple et, par extension, aux animaux chez La Fontaine.

SOCRATE : philosophe grec qui vécut à Athènes de 470 à 399 av. J.-C. ; il mit en vers quelques fables d'Ésope, avant d'être condamné à mort.

soin : souci ; précaution.

soldats : à l'époque, puisqu'il n'y avait pas encore de casernes, il fallait loger les soldats chez l'habitant. Les soldats, irrégulièrement payés, se livraient fréquemment à des vols.

souffrir : supporter.

STYX : voir ACHÉRON.

subsister : vivre.

suffrage : accord.

tenir : penser.

tirer ses grègues : littéralement, retrousser ses chausses (*grègues*, déformation de *grecques*, sorte de pantalons) pour courir plus vite, d'où s'enfuir rapidement (expression proverbiale archaïque et populaire, selon le Dictionnaire de l'Académie).

tout à l'heure : sur le champ.

traits : façon d'écrire.

travail : peine.

treille : vigne que l'on faisait courir sur un treillis.

trépas : mort.

ULYSSE : roi d'Ithaque, qui, après la chute de Troie, vécut de nombreuses aventures au cours de son voyage de retour qui dura 10 ans (Homère en fait le récit dans l'*Odyssée*).

vain : inutile, sans intérêt, sans valeur. / *en vain* : en pure perte.

vanité : inutilité ; orgueil

vaquer : s'occuper de.

VÉNUS (ou APHRODITE) : déesse de la beauté et de l'amour, dans la mythologie gréco-romaine. Elle avait pour attribut la colombe, symbole de beauté, de paix et d'amour.

VIZIR : ministre d'un prince musulman.

vous : désigne le lecteur qui a ainsi davantage à l'impression de participer à l'action.

zéphir / zéphyr : vent d'ouest, doux et agréable.

ANNEXES

TABLE ALPHABÉTIQUE DES FABLES

BIBLIOGRAPHIE

– La Fontaine, *Fables*, édition intégrale annotée par René Radouant, Hachette, 1929.
– Roger Duchêne, *Jean de La Fontaine*, Fayard, 1990.
– Christian Biet, *Les Miroirs du Soleil – Littérature et classicisme au siècle de Louis XIV*, «Découverte», Gallimard.
– Paul Morand, *Fouquet ou le Soleil offusqué*, 1961, rééd. Gallimard, «Folio Histoire», 1985.
– François Bluche, *La vie quotidienne au temps de Louis XIV*, Hachette, 1984.

Imprimé en France – IMPRIMERIE HÉRISSEY, Évreux – N° 74664
Dépôt légal : 8286-10/96 – Collection n° 10 - Édition n° 08
16/6196/6